내 아이를 위한
부모의 작은 철학

내 아이를 위한
부모의 작은 철학

볼프강 펠처 지음 · 도현정 옮김

미르북
컴퍼니

차례

이 책은 교육 문제를 조언하는 책이 아닙니다. 그런 책이라면 이미 출판 시장에 충분히 나와 있습니다. 이런 마케팅 전략을 운운하지 않더라도, 알지도 못하는 누군가에게 조언하는 것은 내게 너무 낯선 일입니다. 레싱[*]이 이런 말을 했습니다. "나는 나 자신을 가르치기 위해 생각한다." 나도 이 책에서 그렇게 하려고 했습니다.

충고가 가득한 책에는 손도 대지 않는 부모가 많다는 사실을 경험상 잘 알고 있습니다. 그들은 누군가에게 가르침 받는 것을 달가워하지 않습니다. 보통 사람들의 보편적인 충고라면 그들도 이미 잘 알고 있으니까요.

나는 이 책에 내 아이가 태어나 자라면서 나에게 그리고 나의 내부에서 일어난 일들에 대해 담았습니다. 그 일들은 내게 새로운 세계를 보여준 경험이었습니다. 나는 이 경험을 한마디로 '철학적 경험'

---

[*] 레싱(Gotthold Ephraim Lessing, 1729~1781) 독일의 극작가이자 비평가. 계몽주의 사상가로, 독일 근대 시민 정신의 기수로 평가받고 있다. 주요 저서로 《라오콘》《미나 폰 바른헬름》《현인 나탄》《에밀리아 갈로티》 등이 있다. — 옮긴이

이라고 부르고 싶습니다. 이 경험은 부모가 되면서 갖게 되는 책임과 과제가 무엇인지를 가르쳐주었습니다. 아울러 아이가 성장하면서 그 과제도 변한다는 것을, 그리고 그 과제가 어떻게, 왜 변하는지도 함께 보여주었습니다.

이 새로운 세계에 대한 경험을 묘사하고 전달하는 과정에서 무엇보다 내게 큰 도움이 된 것은 위대한 작가들이었습니다. 문학은 소중한 경험을 보존하고 있는 위대한 유산입니다. 문학 속에 내재된 경험들은 무한한 가치를 가지고 있으며, 우리의 의식 속에 희미하게 있는 뭔가를 좀 더 선명하게 보여줍니다. 문학은 해박한 지식으로 직접 해답을 알려주지는 않습니다. 오히려 경험의 홍수 속으로 잠수하여 지금까지 문제가 되어왔던 삶의 발자취를 찾아내고, 그것을 통해 삶의 근본적인 문제들을 우리 앞에 펼쳐 보여줍니다.

나는 여러분이 '철학'이라는 말에 지레 겁먹지 않기를 바랍니다. 나는 단지 이 말을 칸트의 정신에서 받아들였을 뿐이니까요. 칸트는 '철학이란 사고(思考) 속에서 스스로 방향을 찾아나가는 노력'이라고 했습니다. 스스로 방향을 찾아나간다니 무슨 말일까요? 이 말은 칸트가 《계몽이란 무엇인가?》에서 언급한 것처럼 자신의 고유한 이성을 발휘하여 스스로 사고하고 판단하는 것을 말합니다.

이것은 인간이라면 누구나 할 수 있는 일로서 높은 학식을 쌓는 것과는 전혀 관계없는 일입니다. 우리가 뭔가에 대해 의문을 품고 스스로 해답을 찾으려고 노력하면 됩니다. 그러나 이런 의문에 대한 해답은 인터넷 검색창에 단어 하나만 치면 '뚝딱!' 하고 나오는 게 아닙니다. 전문가에게 자문한다고 해결되는 것도 아닙니다. 스스로 생각하고 판단하여 답을 구해야 합니다. 그리고 절대적인 해답도 없습니다. 이런 의문은 잊으려 하면 할수록 우리를 더욱 사로잡고 놓아주지 않습니다.

이런 의문에 대해 철학자들은 어떻게 말하고 있을까요? 150년 전에 루트비히 포이어바흐˙는 이렇게 말했습니다. "보통 사람과 다른 철학자가 되려고 하지 마라. 생각하는 사람 이외의 다른 사람이 되지 마라. 인간 현실 세계의 총체성에서 벗어나 고립된 학문의 세계에서 생각하는 그런 사색가가 되지 마라. 저 생동감 넘치는 세계의 물결 속에 자신을 던진 채 살아 있는 현실적인 존재로서 생각하라. 허공에 떠도는 추상의 세계가 아닌 실재하는 현실 세계의 한 구성원으로서 생각하라."

이 철학자의 평에 대해 따로 덧붙일 말은 없습니다. 굳이 한마디 보충한다면 생동감 넘치는 세계의 물결이 우리를 항상 생동감 넘치게 해주지는 않는다는 것입니다. 이 점에 대해서는 앞으로 자주 언급할 것입니다.

˙ 루트비히 포이어바흐(Ludwig Feuerbach, 1804~1872) 독일의 철학자로, 유물론적인 인간 중심의 철학을 제기했는데 이것이 심리학과 같은 인문학 발전의 밑거름이 되었다. 또한 그의 철학은 마르크스와 엥겔스를 통해 비판적으로 계승되기도 했다. 주요 저서로 《죽음과 불멸에 대한 고찰》《그리스도교의 본질》《장래 철학의 근본 문제》 등이 있다. ─ 옮긴이

그런데 철학자가 머물러야 한다는 '실재하는 현실 세계'는 어떤 모습일까요? 루트비히 비트겐슈타인°은 그 세계의 모습을 이렇게 말했습니다. "모든 가능한 학문적 물음의 해답이 풀린다 해도 우리 삶의 문제는 여전히 그대로 남아 있음을 우리는 느끼고 있다."

철학(Philosophia)의 어원을 따져보면 '지혜(sophia)를 사랑한다(philo)'는 뜻입니다. 포이어바흐가 말한 삶의 철학이란 인간이 자신의 지혜를 통해 스스로 삶의 문제를 풀어나가는 것을 말합니다. 그렇다면 인생이 던진 질문에 해답을 찾고자 하는 사람이라면 그 사람이 바로 철학하는 사람이 아닐까요?

오랜 철학적 전통에서는 삶의 근본적인 문제에 대한 해답을 자기 성찰을 통해 얻을 수 있다고 여깁니다. 테오도르 아도르노°는 이렇게 말했습니다. "사고하는 자만이 비평 앞에 노여워하지 않는다." 이 말은 고대 그리스의 델포이 신전 현관 기둥에 새겨져 있는 문구와도 일맥상통합니다. "너 자신을 알라."

이 문구는 인간의 지혜는 신(神)에 비하면 하찮다고 생각한 소크라테스의 말로도 유명합니다. 인간에게 가장 어려운 일이 무엇이냐는 질문에 탈레스는 이렇게 답했습니다. "가장 어려운 일은 자기 자신

° 루트비히 비트겐슈타인(Ludwig Wittgenstein, 1889~1951) 오스트리아 출신의 철학자로 영국 분석 철학에 많은 영향을 끼쳤다. 주요 저서인 《논리철학론》과 《철학적 탐구》는 분석적 언어 철학과 논리 실증주의에 지대한 영향을 미쳤다. — 옮긴이

° 테오도르 아도르노(Theodor W. Adorno, 1903~1969) 독일의 철학자이자 미학자로 프랑크푸르트학파의 중심인물이다. 주요 저서로 《부정적 변증법》《권위주의적 인간》 등이 있다. — 옮긴이

을 아는 일이며, 가장 쉬운 일은 남에게 충고하는 일이다." 그래서 신이 인간에게 내린 가장 어려운 명령인 이 말을 신전에 들어가는 모든 사람에게 각인시키기 위해 신전 현관 기둥에 새겨 넣었다고 합니다.

나는 아이를 키우면서 아이와 부딪치는 문제를 풀기 위해 사고하게 되었고, 해답을 찾는 과정에서 나 자신과 만나게 되었습니다. 그리고 아이의 모습에서 나 자신을 다시 발견하게 되었습니다.

이 책에서 말하는 가족은 오래된 가족입니다. 오늘날에는 다양한 형태의 가족이 존재하지만 이 책에서는 다루지 않았습니다. 다양한 가족 형태가 동반하는 여러 가지 문제들, 즉 혼자 아이를 키우는 여성과 남성의 문제, 아이가 겪는 새엄마 또는 새아빠와의 문제 등을 제대로 다루려면 완전히 다른 책을 써야 하기 때문입니다.

이 책의 각 장 사이사이에는 지난 몇 년 동안 나의 사고를 도와준 여러 문학 작품의 일부 내용이 들어 있습니다. 시간이 별로 없는 독자라면 그 부분만이라도 읽어주시기 바랍니다. 사실 시간에 쫓기는 것은 오늘날 우리가 안고 있는 심각한 문제 중 하나죠. 그래서 가능하다면 그 부분만이라도 뜻을 음미하면서 한 번 더 깊이 생각해보는 것도 좋을 것입니다.

조금 더 시간이 있는 독자라면 마지막 8장도 읽어주시기 바랍니다. 여기에는 지난 몇 년 동안 내가 한 아이의 아버지로서 품게 된 여러 가지 의문과 생각이 에세이 형태로 쓰여 있습니다.

시간에 쫓기지 않는 독자라면 물론 책 전부를 읽어주셨으면 합니다. 그리고 내가 결코 포기할 수 없었던 주석까지도 살펴보시기 바랍니다. 물론 주석은 인용된 문학 작품의 출처를 알리기 위해서지만, 독자 여러분이 이 책을 읽은 후에도 인용된 작품들을 계속해서 읽어보기 바라는 마음으로 달아놓았습니다.

끝으로 에케하르트 마르텐스, 디터위르겐 뢰비쉬, 요하네스 슈바르츠코프, 코르넬리아 브룩크하우스, 데트리프 오토 그리고 지그프리트 울리에게 감사의 말을 전합니다. 이들은 모두 내가 이 책을 쓰도록 독려해주었고, 이 책을 쓰는 동안 아낌없는 비판을 해주었습니다.

> "당신의 자녀는 당신의 자녀가 아닙니다.
> 그들은 자신의 삶을 좇아 이 세상에 온 그리움의 아들과 딸입니다."
>
> — 칼릴 지브란

1

죽음과 탄생

근거 없는 가치 부여에 대하여

"진정한 사랑은 상대방을 위해 침묵하는 것이 아니라

상대방이 앞으로 나아가도록 밀어주는 것이다."

— 알렉상드르 코제브[*]

[*] 알렉상드르 코제브(Alexandre Kojève, 1902~1968) 러시아 출신의 프랑스 철학자로, 평생을 헤겔 연구에 바쳤다. 주요 저서로 《헤겔 독해 입문》 《법의 현상학 조묘》 《그리스 철학사 조묘》 등이 있다. — 옮긴이

인생은 다람쥐 쳇바퀴 돌듯 늘 한결같습니다. 어쩌면 하루하루가 그렇게 비슷한지! 신나는 일이 많은 것도 아닙니다. 자극적인 일이 많은 것도 아닙니다. 그저 아침 일찍 집을 나와 저녁이면 집으로 돌아갑니다.

이런 삶을 우리는 '일상적인 삶'이라 부릅니다. 일상적인 삶이란 자신의 본분을 다하고, 자신에게 주어진 길을 이탈하지 않고, 사회적으로 공인된 게임의 법칙을 준수하며 살아가는 것을 말합니다. 일상적인 삶에서는 존재의 경제적 효용 법칙에 따라 자기 자신은 최소한으로 돌보는 게 중요합니다. 자기 자신 외에 이것저것 돌봐야 할 게 너무 많기 때문입니다. 월말이면 통장에서 빠져나가는 돈을 점검해야 합니다. 다음 휴가 계획도 세워야 합니다. 이웃집과 직장 동료도 신경 써야 합니다. 건강도 돌봐야 합니다. 주말에는 야외로 놀러갈 계획도 세워야 합니다. 우리의 하루는 보통 이런 일들로 구성되어 있습니다.

하루 중 우리가 깨어 있는 시간은 얼마나 될까요? 대략 15시간 정도? 그런데 하루는 온통 습관으로 가득 차 있습니다. 아무리 일정이 빡빡해도, 아무리 현대 사회가 '빨리! 빨리!'를 요구해도 습관은 늘 일정한 속도를 유지하며 돌아갑니다. 습관은 우리의 일상을 평안히 흘러가게 해줍니다. 미처 의식하지 못하고 있지만 우리는 일상의 아주 미세한 부분까지도 습관에 따라 행동합니다. 습관은 인생에 혼란이 들어서는 것을 막아줍니다. 습관은 당황을 모릅니다. 마치 우리 이력서의 목록처럼 습관은 질서정연하고 차분합니다. 이렇게 우리는 습관을 통해 흔들리지 않는 안정된 일상의 삶을 살아갑니다.

그런데 이런 일상의 평온함에 파문을 일으키는 몇몇 사건이 일어납니다. 그런 사건으로 말미암아 우리는 일상의 궤도를 이탈하여 혼란 속에 빠지게 됩니다. 우리는 갑자기 기존의 지식으로도, 누군가의 조언으로도 해결할 수 없는 문제에 부딪치게 됩니다. 그리고 그 사건 이후 우리는 예전의 우리로 다시 돌아갈 수 없습니다.

그런 사건이란 바로 사랑하는 사람의 죽음입니다. 죽음은 인생의 마지막 여정으로서 늘 언제 어디서나 일어납니다. 단지 우리가 의식하지 못하고 있을 뿐입니다. 지금 이 순간에도 누군가 죽어가고 있습니다. 현명한 자도 죽습니다. 어리석은 자와 무지한 자도 죽습니다. 자신의 재물을 다른 누군가에게 남겨놓은 채 말

● 《구약성경》의 '시편' 49편 10절

16

입니다.˙ 무덤이 그들의 영원한 안식처입니다. 인간은 이름 없는 들꽃처럼, 풀처럼, 쉽게 빨리 시들어갑니다. 세상의 모든 이치가 그렇듯이 시간이 흐르면 우리도 언젠가 경험하게 될 일입니다.

　남의 일로만 여기던 죽음이 우리 의식 속에 날카롭게 자리 잡기 시작하는 것은 사랑하는 사람이 죽었을 때입니다. 사랑하는 이의 죽음을 통해 우리에게 소중한 것이 무엇인지 뒤돌아보게 됩니다. 조금 전까지만 해도 느꼈던 사랑이 물거품처럼 사라졌습니다. 서로를 하나로 묶어주던 상호 이해의 끈도 끊어졌습니다. 시신을 바라보며 우리는 더 이상 이해받을 수도 없고 이해할 수도 없습니다. 이것은 앞으로도 계속 그럴 것입니다. 죽은 사람은 말이 없는 법이니까요.

　이 당연한 진리를 사랑하는 사람이 죽었을 때는 왜 그렇게 받아들이기 어려운지! 조금 전까지만 해도 살아 움직이던 사람이 싸늘한 침묵 속에 놓여 있습니다. 우리가 무슨 말이나 행동을 하면 어김없이 반응하던 사람이 이제는 아무런 반응도 보이지 않습니다. 너무 조용해서 몇 마디 물어봐도 대답이 없습니다. 그는 이제 자연으로 돌아갑니다. 흙에서 태어나 흙으로 돌아갑니다.
　싸늘한 시신을 바라보며 가장 견디기 힘든 것은 영원한 침묵입니다. 이제는 그 사람과 함께 울고 웃을 수도, 짜증을 내거나 다툴 수도 없습니다. 이제는 동의를 구할 수도, 의견을 들을 수도 없습니다. 특히 갑자기 배우자를 잃은 사람은 청천벽력 같은 일이라 다시 일상으로 돌아가기가 더욱 어렵습니다. 돌아간다고 해도 예전 같은 삶을 살 수가 없습니다. 일상으로 여겼던 모든 게 하루아침에 무너졌기 때문입니다.

사랑하는 사람의 죽음이 찾아오면 우리는 침묵 속으로 빠져듭니다. 머리가 텅 빈 것처럼 아무 말도 생각나지 않고 말할 기운조차 없어집니다. 갑자기 혼자가 되어버립니다. 한 번 태어나면 한 번 죽는 게 인간의 운명이지만 이 단순한 진리가 이 순간에는 아무런 도움이 되지 않습니다. 두 사람의 과거와 미래의 삶을 하나로 이어주던 다리가 하루아침에 무너졌기 때문입니다.

"나는 내 인생의 커다란 위안이었던 그녀를 잃어버렸다. 그로 말미암아 내 영혼은 깊은 상처를 받았으며 하나가 되었던 나와 그녀의 삶도 두 동강이 나버렸다."*

일상의 흐름을 뒤흔드는 또 하나의 사건은 바로 내 아이의 탄생입니다. 작은 몸을 제대로 가누지도 못한 채 한 아이가 누워 있습니다. 도움의 손길이 없이는 생존할 수 없는 아주 작고 연약한 존재입니다. 그렇다고 갓 태어난 아이를 볼 때 제일 먼저 느끼는 감정

---

* 베르너 헬비히(Werner Helwig, 1905~1985), 《죽은 자의 탄식》
  독일의 문학가이자 여행가로, 20세기 초 '청년운동'에 가담했고 히틀러 정권에 반대하다가 스위스로 망명했다. 스위스에서 주요 신문사의 평론가이자 작가로 활동했다. 자신의 모험적인 인생을 문학 소재로 사용했으며 대표작으로 《죽은 자의 탄식》이 있다. ─옮긴이

이 동정심이라는 것은 아닙니다. 주체할 수 없는 기쁨과 가슴 벅찬 기대감이 우리를 엄습합니다. 계몽된 인간으로서 이성적인 사고와 논리적인 언어에 오랫동안 익숙해진 우리가 갑자기 모든 언어 능력을 상실합니다. 그리고 이성적으로는 도저히 설명할 수 없는 이런 말만 중얼거립니다. "기적이다!"

한 생명이 태어났습니다. 내 눈에 비친 것은 단순히 배냇저고리 속에 숨어 있는 한 연약한 존재가 아니었습니다. 앞으로 이끌어갈 삶의 무한한 가능성과 지금까지는 존재하지 않았던 새로운 삶의 시작이었습니다. 희망과 기대! 이것은 결코 공허한 추상의 단어가 아니었습니다. 희망과 기대는 명백히 내 안에 존재하고 있었습니다. 마치 온 세상이 새롭게 시작된 것 같았습니다. 그 순간은 내 인생에서 낡은 것, 오래된 것, 쓸모없는 것 그리고 고루하고 지루했던 모든 것이 새롭게 빛을 얻는 순간이었습니다.

이 경이로운 순간은 우리를 일상의 궤도에서 이탈하게 만듭니다. 첫아이의 탄생보다 우리를 더 기쁘게 하는 일은 거의 없습니다. 아니, 전혀 없다고 해도 과언이 아닙니다. 내가 아는 사람 중에는 첫아이가 태어났을 때 밥 먹는 것조차 잊어버린 사람도 있습니다. 그는 48시간이 지난 후에야 비로소 자신이 배고프다는 것을 깨달았습니다. 첫아이의 탄생으로 이틀 동안이나 자신이 생물학적 존재라는 사실을 까맣게 잊은 채, 일상적인 생활 습관에서 자연스레 이탈한 것입니다.

죽음과 마찬가지로 새 생명의 탄생도 인생의 한 과정이며 언제나 현재진행형입니다. 미처 우리가 의식하지 못하고 있지만 매 순간 누군가 태어나고 있습니다. 그러나 익명의 누군가가 태어나는 것은 우리에게 별 의미가 없습니다. 우리는 그 아이의 탄생을 직접 눈으로 확인하고도 아무런 문제없이 일상으로 다시 돌아갈 수 있으니까요.

그러나 내 아이가 태어난다면? 이제는 경우가 완전히 달라집니다. 내 아이가 태어난 순간 나를 엄습한 것은 아주 단순한 '사실'이었습니다. 그것은 '한 아이가 내게 왔다'는 것이었습니다. 죽음의 순간과 마찬가지로 그 탄생의 순간은 무관심한 세상의 흐름 속에서 한 개인의 가치가 빛을 발하는 순간이었습니다.

내 앞에 있는 그 아이는 그냥 익명의 누군가가 아니었습니다. 이 세상 그 어떤 것과도 바꿀 수 없는 존재였고, 기나긴 인간 진화의 역사 속에서 유독 내게만 특별한 존재였으며, 불특정 다수의 군중 속에서도 유독 내 눈에만 환히 빛나는 존재였습니다.

특히 젊은 부모가 첫아이를 맞이할 때 경험하는 것은 '놀라운 경이로움'입니다. 아이가 특별한 뭔가를 지니고 태어나서가 아닙니다. 아이가 가진 성별 때문도 아닙니다. 단지 방금 전까지만 해도 존재하지 않았던 한 아이가 갑자기 세상에 툭 튀어나왔기 때문입니다. "네가 이렇게 내 눈앞에 있다니! 우리 아가! 네 존재만으로도 나는 행복하단다!"

아이와의 첫 만남에서 우리를 압도하는 것은 존재의 비밀에 대한 경이로움입니다. 하나의 존재가 나를 통해 이 세상에 왔다는 사실이 우리를 경이로움에 빠지게 합니다. 이 경이로움 앞에서는 모든 학문적 문구가 무용지물이 되고 맙니다. 섬광과도 같은 한 줄기 빛이 일순간 내 아이에게 쏟아져 내리는 것을 이성적으로는 도저히 설명할 수 없기 때문입니다. 이성은 설명하고, 분석하고, 종합하고, 정리하기를 좋아합니다. 물론 이것이 가능한 영역에서는 이성이 절대 군주입니다. 그러나 존재의 비밀이 담긴 영역에는 이성이 감히 발을 들여놓지 못합니다.

이것은 한 작은 존재가 이 세상에 온 순간 확연히 드러났습니다. 그 순간은 기울어가는 삶의 희미한 여명 속으로 한 줄기 섬광이 비치는 순간이었습니다. 내 주변의 모든 것은 빛을 잃었고 내 눈에는 오직 한 작은 존재만 들어왔습니다.

사랑하는 사람의 죽음은 우리 인생에 여파를 몰고 옵니다. 습관과 습관이 맞물려 안정되게 돌아가던 세상이 갑자기 균형을 잃고 비틀거리기 시작합니다. 모든 것이 그 사람을 떠오르게 합니다. 악의 없는 물건들이 잔혹한 현실을 일깨웁니다. 그 사람이 이제 이 세상에 존재하지 않는다는 잔혹한 현실 말입니다. 허전한 잠자리, 식탁의 빈 의자, 오지 않는 주인을 기다리는 옷장의 옷들, 우두커니 찬장을 지키는 그릇들, 정원에서 풍겨오는 달콤한 향기, 창가의 화분들, 피우다가 남은 담배. 이 악의 없는 모든 물건이 살아남은 사람에게 갑자기 잔인한 형상으로 다가옵니다. 두 사람이 함께 가꾸어왔던 삶의 이야기가 이제는 끝났다고 말합니다.

　곳곳에 차가운 침묵이 내려앉습니다. 그러나 사람들은 빙 둘러앉아 이야기를 나눕니다. 이야기가 끊이지 않습니다. 예전에 그 사람이 앉았던 자리에 다른 누군가가 앉아서 말을 이어갑니다. 마치 아무 일도 없었던 것처럼! 이 모든 것이 살아남은 사람에게는 받아들이기 어려운 현실입니다. 사람들이 위로의 말을 건넵니다. 가장 값싼 위로의 말 중 하나는 "그래도 인생은 계속된다"라는 말입니다. 그 사람이 있든 없든 세상은 변함없이 돌아간다는 것입니다. 아무도 죽은 이가 남기고 간 상처를 보지 못하는 것 같습니다. 오랫동안 유지해온 질서 속에서 모든 게 문제없이 돌아가는 것 같습니다. 그러나 사랑하는 사람을 잃은 슬픔과 충격에서 헤어나지 못하는 사람에게는 세상이 달리 보이는 법입니다. 오랫동안 유지해온 세상의 질서가 얼마나 깨지기 쉬운지 보았기 때문입니다. 다람쥐 쳇바퀴 돌 듯 늘 변함없이 돌아가던 일상의 삶이 하루아침에 무너질 수 있다는 것을 경험했기 때문입니다.

사랑하는 사람을 홀로 떠나보낸 이에게는 두 가지 선택만 있을 뿐입니다. 자신의 운명을 부정하든가, 아니면 사랑하는 사람의 죽음을 인정하든가. 하지만 결코 결정하기 쉬운 문제가 아닙니다. 어떤 결정을 내리느냐에 따라 앞으로의 삶이 좌우됩니다. 가장 고통스러운 경험과 화해하고, 죽음을 인생의 한 과정으로 받아들이며 살아가게 될지 아닐지 말입니다. 어떤 길을 택하든 본인이 결정해야 합니다. 세 번째 선택은 없습니다. 무엇이 진실이고 거짓인지, 어떤 길이 옳고 그른지 누구도 장담할 수 없습니다. 남에게 조언이나 추천을 해주기에는 삶의 과제가 너무 무겁기 때문입니다.

그러나 아이의 탄생은 죽음과는 전혀 다른 여파를 우리 인생에 몰고 옵니다. 물론 예전의 자신으로 절대 돌아갈 수 없다는 법칙은 똑같습니다. 아이가 탄생한 이후에는 우리 삶의 아주 미세한 부분까지도 모두 변하기 때문입니다. 가장 중요한 변화는 바로 두 사람에서 세 사람으로 하나의 가족이 형성된 것입니다. 이제부터 부부는 두 사람을 위해서가 아니라 세 사람을 위해 존재해야 합니다.

처음에 젊은 부부는 이 과제의 무게를 느끼지 못하거나 아주 약간만 느낍니다. 그러다가 차츰차츰 경험을 통해 아이와 사는 게 햇살이 눈부신 날의 오후 산책과는 다르다는 것을 깨닫기 시작합니다. 젊은 부부가 맨 처음 깨닫는 것은 지금까지와는 전혀 다른 차원의 책임이 그들에게 주어졌다는 것입니다. 보호하고 돌봐야 할 존재가 그들의 삶 속으로 들어왔다는 것, 그리고 그 존재를 보호하고 돌볼 유일한 사람은 바로 자신들이라는 것입니다.*

두 사람 이외의 다른 존재가 자신들의 삶 속으로 들어왔다는 사실을 무조건 인정하는 것, 그것이 부모가 되는 첫걸음입니다. 이 사실을 어느 정도 수준까지 인정해야 하는지에 대한 기준은 없습니다. 그리고 아이의 존재를 인정하는 방법에 대해 알려주는 성공 사례나 특별한 경험담, 전문 지식 같은 것도 없습니다. 무조건 한 아이가 자신들의 인생 속으로 들어온 것을 인정해야 합니다.

사실 갓 태어난 아이는 부모에게 낯선 존재입니다. 그러나 부모는 그 사실을 모릅니다. 왜냐하면 아이는 엄마 뱃속에서 움직임과 초음파 기계의 모니터를 통해 자신의 존재를 알려왔기 때문입니다. 젊은 부부가 부풀어 오르는 가슴을 안고 아이의 첫 번째 초음파 사진을 바라봅니다. 테라 인코그니타(terra incognita)! 아무도 모르는 나라, 완전한 미지의 세계에서 온 낯선 존재가 그 순간 처음으로 모습을 드러냅니다.

* 페터 한트케(Peter Handke, 1942~), 《아이들 이야기》
  현대 독일어권 문학을 대표하는 오스트리아 출신의 작가이자 번역가로, 시적인 산문과 실험적이고 독특한 글쓰기의 대가로 인정받고 있다. 1966년부터 영화감독 빔 벤더스와 친분을 맺으며 영화 작업을 함께하고 있다. 주요 작품으로 《관객 모독》 《베를린 천사의 시》 《긴 이별을 위한 짧은 편지》 등이 있다. ─ 옮긴이

그러나 아이가 자신의 진짜 모습을 처음으로 드러내는 것은 높고 날카로운 울음소리와 함께입니다. 이 낯선 존재는 우리의 가슴을 파고드는 원시 생명체의 고통에 찬 울음소리로 자신이 이 세상에 도착했음을 알립니다.

처음에 부모는 이 알 수 없는 고통에 찬 울음소리가 자신들에게 무엇을 의미하는지 전혀 모릅니다. 부모의 눈에는 갓 태어난 아이의 모습만 보일 뿐입니다. 부모가 아이의 존재를 인정한다면 아이도 부모의 존재를 인정해야 합니다. 그러나 부모만 인정합니다. (이런 상태는 오랫동안 지속되고, 가끔은 영원히 지속되기도 합니다.) 부모의 사랑 또한 마찬가지입니다. 부모의 사랑은 일방향입니다. 상대방과 자신의 존재를 인정하고 쌍방이 서로 주고받는 사랑은 부모와 자식 간에는 일어나지 않습니다. 그건 불가능하기 때문입니다. 대신에 부모가 아이에 대한 사랑의 보답으로 얻게 되는 것은 이해할 수 없는 울음소리뿐입니다.

여기서부터 부모와 자식 간에 오해가 싹트기 시작하는 걸까요? 주체할 수 없는 기쁨과 좀처럼 느낄 수 없는 인생의 환희를 맛본 것도 잠시, 아주 기초적인 두려움이 우리 내부에서 자라나기 시작합니다. 혹시 어디가 불편한가? 원하는 게 뭐지? 어떻게 해줘야 하나? 그러나 아이는 계속해서 울어대기만 할 뿐입니다. 마치 '응애, 응애' 소리처럼 들리는데, 무엇을 원하는지 도무지 알 수가 없습니다.

차츰 부모들이 깨닫기 시작하는 것이 있습니다. 바로 아이 곁을 떠나서는 안 된다는 사실입니다. 이것으로 부모로서 첫 번째 과제가 시작됩니다. 아이가 원하는 것은 부모의 무조건적이고 절대적인 사랑입니다. 이것만이 아이의 호흡을 고르게 하고 낯선 세상에 대한 두려움으로부터 아이를 지켜줍니다. 아이가 느끼는 감정은 단 두 가지입니다. 자신이 부모에게 사랑받고 있느냐, 아니면 버림받았느냐? 아이는 부모가 눈앞에 보이거나 신체 접촉을 통해 옆에 있다는 것을 느끼면, 부모에게 사랑받고 있다고 생각합니다. 반대로 부모의 모습이 보이지 않거나 옆에서 돌봐주고 있다는 느낌을 받지 못하면, 부모가 자기를 버리고 어디론가 사라졌다고 생각합니다.

기다리고 기다리던 너의 도착 시간, 분만실에서의 몇 시간, 마치 영원과도 같은 시간이었다. 그때 문득 이런 생각이 떠올랐다. '이게 바로 지옥이구나!'

드디어 네가 이 세상에 모습을 드러낸 순간, 믿기지 않았다. 그리고 너의 울음소리가 들려왔다. 이 세상 한가운데에서 너는 그렇게 울고 있었다. 나는 지금까지 많은 아이들의 울음소리를 들어봤지만, 그토록 안타까운 울음소리는 들어본 적이 없었다. 깊은 연민의 정이 느껴지도록 너는 그렇게 울어댔다. 기쁨이 나를 압도한 것도 잠시, 두려움이 일었다. 네가 이 세상에 존재한 이후부터 나를 놓아주지 않았던 그 두려움이!

• 클레멘스 홀린다(Clemens Holinda), 《한 아버지의 일기장에서》

아이는 일종의 문과 같습니다. 그 문을 통해 언제 어느 때 우리 인생에 불행이 들이닥칠지 모릅니다. 사랑이 깊을수록 두려움도 큰 법입니다. 그러나 아이에 대한 사랑은 우리에게 이 세상 그 무엇과도 바꿀 수 없는 무한한 가치를 지닌 보물이 있다는 것을 깨닫게 해줍니다.

부모가 되는 첫걸음 중 하나에는 이 세상의 통상적인 가치 평가 기준을 버리는 것도 포함됩니다. 이 세상에서는 흔히 권력, 성공, 재력으로 가치 평가를 합니다. 누가 어떤 업적을 이루었는가, 얼마만큼의 재산을 가졌는가, 권력의 향방을 좌지우지하는가 등이 그것입니다. 심지어 요즘에는 유쾌한 대화와 화기애애한 분위기를 이끌어내는 것도 능력으로 평가받고 있습니다. 엄청난 인기를 누리는 연예인, 스포츠 분야의 스타들이 그런 능력의 소유자들입니다. 또한 직업 세계에서는 현란한 처세술로 자신의 계획과 의도를 관철시키는 것을 일종의 능력으로 평가하고 있습니다. 프리드리히 실러가 말했습니다. "자기 안의 나약함을 죽인 강한 자만이 운명을 지배한다."[*]

그러나 젊은 부모에게는 일말의 의미도 없는 말입니다. 이 세상의 기준으로는 도저히 그 가치를 평가할 수 없는 존재가 그들의 삶 속으로 들어왔기 때문입니다. 젊은 부모는 이 세상의 통상적인 가치

* 프리드리히 실러(Friedrich Schiller, 1759~1805), 《이상과 삶》

평가 기준을 버립니다. 비록 한동안일지라도 말입니다! 어떤 영웅도 이 작은 존재만큼 그들을 감탄시키지 못합니다. 젊은 부모는 이제 성공이나 명예, 돈으로 가치 환산이 가능한 것에 큰 비중을 두지 않습니다. 그들이 무한한 가치를 부여하는 대상은 그들의 도움을 절대적으로 필요로 하는 한 연약한 존재입니다. 그것도 아무 조건 없이, 아무 근거 없이 말입니다.

가끔 나는 거리를 배회하며 그곳에서 일어났던 일들을 생각해본다. 그리고 그 일들이 내게 남긴 인상을 되짚어본다.

한 번은 한 불쌍한 여자를 본 적이 있다. 그녀는 조그맣게 장사를 하고 있었는데, 상점이나 천막에서가 아니라 거리에서 물건을 파는 행상이었다. 여자는 아이를 팔에 안고 비바람을 맞으며 서 있었다. 자신은 비에 흠뻑 젖으면서도 아이만은 꽁꽁 감싸 안고 있었다. 사실 나는 그런 그녀를 여러 번 본 적이 있었다.

한 상류층 부인이 지나가면서 그녀를 힐책했다. 아이를 집에 두고 오지 않았다고 말이다. 또한 아이가 물건을 파는 데 거추장스러우니 더욱 집에 두고 왔어야 했다는 것이다. 그때 길을 가던 한 성직자가 다가와 그녀에게 말을 건넸다. 무료 수용소에 아이를 위한 자리를 마련해주겠다는 것이었다. 그녀는 성직자의 친절에 감사의 뜻을 표했다. 그러나 그녀가 몸을 숙여 아이를 바라보던 그 눈빛이라니! 당신이 직접 그 눈빛을 봤어야 했는데!

만약 아이가 꽁꽁 얼어붙어 있었다면 그 눈빛이 아이를 녹여주었을 것이다. 만약 아이가 추위로 죽어가고 있었다면 그 눈빛이 아이에게 따스한 생명을 불어넣어주었을 것이다. 만약 아이가 굶주림과 목마름에

지쳐 죽어가고 있었다면 그 눈빛의 축복이 아이에게 생기를 불어넣어
주었을 것이다. 그러나 아이는 잠들어 있었다. 그래서 환한 미소로 엄
마에게 보답할 수 없었다.

한 아이를 축복이라 여기는 이 여인을 보라! 내가 화가라면 이 여인
외에는 다른 어떤 것도 그리지 않을 것이다. 그 모습은 고귀함, 그 자체
였다. 운이 좋아야 일생에 딱 한 번 볼 수 있는 꽃과 같이 아름다운 모
습이었다.

이렇듯 정신의 세계란 아름다운 꽃의 허영에 현혹되는 것이 아니라
일상의 끔찍함 속에 감추어진 고귀한 아름다움을 발견하는 것이다. 이
아름다움의 발견이 정신의 세계를 꽃피우게 한다.

— 키르케고르, 《이것이냐, 저것이냐》

2

갓난아이

인생 계획의 변화에 대하여

"아이가 있는 곳에 황금시대가 있다."

― 노발리스

아이가 집에 오고부터 우리 두 사람만의 오붓한 시간은 최후를 맞이했고 우리의 인생은 진지해지기 시작했습니다. 우리가 부부로서 서로에게 오랫동안 맞춰왔던 모든 생활 방식을 바꿔야 했기 때문입니다. 또한 우리의 인생을 그나마 모험적으로 만들어주던 불확실한 미래와 즉흥적인 선택도 사라졌습니다. 자유와 열린 가능성으로 가는 모든 길이 차단된 것입니다.

우리의 인생은 완전히 새로운 형태로 변하기 시작했습니다. 예전에는 우리 앞에 여러 가지 가능성이 놓여 있었고, 우리는 그런 가능성을 하나둘씩 채워가며 살아가는 데 익숙해져 있었습니다. 우리에게 가장 적절하고 마음에 드는 것을 자유롭게 선택할 수 있었습니다. 그러나 아이의 출현과 함께 우리 부부의 삶에서 선택의 가능성이 사라졌습니다. 대신에 거부할 수 없는 절대적 요구가 생겨났습니다. 그 요구를 수행하면서 우리는 차츰차츰 이 말을 이해하게 되었습니다. "아이를 키우는 것은 장난이 아니다."

* 야누시 코르착(Janusz Korczak, 1878~1942), 《아이를 어떻게 사랑할 것인가》
  폴란드의 교육자이자 아동문학가로, '고아의 집' 등의 시설을 마련하여 독자적인

가능성이 많은 삶이란 선택의 자유가 있는 삶을 말합니다. 우리 오늘 저녁에 그리스 레스토랑에 갈까? 아니면 그냥 집에서 텔레비전이나 볼까? 산책하러 갈까? 사우나에 갈까? 나는 세 시간 정도 피아노를 치고 싶은데 당신은 뭐 하고 싶어? 오늘 저녁에는 조용히 독서나할까? 아니면 영화 보러 가는 것도 괜찮고. 시내에서 친구들을 만나는 것은 어때? 아니면 아무것도 하지 말고 그냥 집에 있든지. 이런 수많은 가능성 중에서 우리는 자유롭게 선택할 수 있었습니다. 또한 우리는 재능 있는 부부로서 서로 공유할 수 있는 예술 작품을 함께 만들 수도 있었습니다. 예를 들면 창의력을 발휘하여 우리 둘만의 안락한 정원을 만들거나, 각자 악기를 배워 두 사람만의 작은 콘서트로 밤을 보내는 것 등 말입니다.

인생을 살아가는 데 있어서 선택의 가능성이 있다는 것은 그리 나쁘지 않습니다. 이를 통해 우리는 잠시나마 일에 대한 중압감에서 벗어날 수 있으니까요. 또한 생각에도 선택의 가능성이 있습니다. 우리가 '그건 별로 중요한 일이 아니야'라고 생각하면 그 일은 정말 중요하지 않은 일이 됩니다. '돈은 또 벌면 되지'라고 생각하면 돈도 별로 중요하지 않게 됩니다. 날마다 가중되는 일의 중압감에서 벗어나고자 이처럼 과감히 한 발짝만 벗어나도 많은 게 달라집니다. 물론 무시할 수 없는 결과가 뒤따릅니다. 즉, 지금까지의 소비 습관과

교육 시스템을 실천했다. 저서로 폴란드 아동문학의 고전으로 손꼽히는 《마치우시 왕(王) 1세》가 있다. ─옮긴이

생활 방식을 근검절약으로 바꿔야 합니다. 일은 여전히 생계유지를 위한 중요한 수단이니까요. 하지만 '일이 인생의 전부는 아니지 않은가?'라는 생각만으로도 우리는 일에 대한 중압감에서 벗어나 훨씬 자유로워질 수 있습니다. 일을 부차적인 것으로 여기게 되고, 일에 모든 신경을 쏟지 않게 되어 여가나 자유 시간을 즐기면서 잠깐이라도 일에 대한 생각에서 벗어날 수 있습니다.

그러나 아이에 관한 일이라면 어떨까요? 과연 우리가 생생하게 살아 있는 한 아이의 존재를 잊어버릴 수 있을까요? 아이는 그리 중요하지 않다고 생각할 수 있을까요? 아이에게 우리의 모든 신경을 집중시키지 않을 수 있을까요? 우리 부부는 지금까지 서로 존중하고 배려하며 살아왔습니다. 서로의 독립성을 존중하면서 복잡하고 많은 일을 함께 처리하며 정돈된 생활 공간을 유지해왔습니다. 그런데 이런 생활 공간에 갑자기 원시 시대적인 계명이 날아든 것입니다. "나를 보살펴라!"

이 계명의 갑작스러운 침입은 현대의 많은 부부들을 몹시 당혹스럽게 만듭니다. 왜냐하면 대부분의 부부들은 상대방을 지배하는 삶에 익숙하지 않기 때문입니다. 즉, 한 사람은 일방적으로 요구만 하고 다른 한 사람은 무조건 그 요구를 받아들이는 삶에 익숙하지 않습니다. 우리는 미래의 안락한 삶을 꿈꾸며 함께 계획을 세우고 함께 꿈을 향해 한 발짝씩 나아가고 있었습니다. 그런데 갑자기 아이의 땀 냄새와 젖비린내, 배설물 냄새로 가득 찬 현실이 펼쳐지기 시작했습니다. 우리 두 사람이 조용조용 오순도순 정답게 나누던 대화도 아이의 울부짖음으로 중단되기 일쑤였습니다.

이렇게 아이는 우리 부부가 수년간 쌓아온 모든 생활 방식을 흩트려놓았습니다. 우리 두 사람이 잘 가꾸어온 생활 공간을, 생활의 질서를, 인생 계획을, 경력 계획을, 여유로운 생활 방식을 침해한 것입니다. 아이는 우리에게 자신을 위해 24시간 대기하라고 요구했습니다. 단순히 집 안에서 풍기는 땀 냄새, 젖비린내, 배설물 냄새만이 문제가 아니었습니다. 그 밖에도 아이는 수없이 많은 것을 요구했습니다. 그리고 원하는 것이 있으면 일분일초도 기다리지 않고 울음으로 항의했습니다. 도무지 알 수 없는 단음절 언어 '응애, 응애'로 말입니다. 젖을 달라고, 위로해달라고, 돌봐달라고, 씻겨달라고, 잠을 재워달라고.

아이는 우리의 수면도 방해했습니다. 아이는 자신이 잠든 동안만 자비로웠습니다. 즉, 우리에게 황금과도 같은 휴식 시간을 준 것입니다. 아이가 잠든 시간이 우리의 유일한 휴식 시간이었습니다. 아이와 함께 힘겨운 며칠을 보낸 후 우리가 깨달은 것이 있었습니다. 고요와 안정이 얼마나 소중한지, 자고 싶을 때 잘 수 있는 게 얼마나 행복한지, 사지를 쭉 뻗고 머리를 베개에 파묻은 채 잘 수 있는 게 얼마나 행복한지 말입니다. 수면도 습관의 일종입니다. 우리는 저녁에 자고 아침에 일어나는 수면 습관을 가지고 있습니다. 그러나 아이의 수면 시간은 예측 불허입니다. 우리는 아이를 안은 채 잠들기 일쑤였습니다. 그러다가 아이가 울어대면 퍼뜩 잠에서 깼습니다. 이렇게 아이는 우리에게 수면 습관마저 바꿀 것을 요구했습니다.

　오랜 옛날부터 공동체 생활에서 가장 중요한 규칙은 다른 사람의 수면을 보장해주는 것입니다. 아무리 시대가 달라졌어도 여전히 한 지붕 아래 사는 공동 생활자의 수면을 보장해주는 게 상례입니다. 그래서 이웃 사람이 장시간 소음으로 우리의 수면을 방해하면 당장 달려가 항의할 수 있습니다. '공동생활 방해죄'로 고소하겠다고 엄포를 놓을 수도 있습니다. 그런데 이런 당연한 일을 아이는 지키지 않습니다. 아이는 명백히 안정과 고요의 파괴자였습니다. 그것도 하루 이틀이 아닌 몇 달 동안이나 말입니다. 심한 경우에는 몇 년이 걸리기도 합니다.

　잠을 제대로 이루지 못한 일곱 번째 밤이다. 두 시간마다 아이가 울어댔다. 매번 우리 두 사람은 번쩍 깨어 일어났다. 일어날 때마다 온몸이 납덩어리처럼 무겁고 머리가 지끈거렸다. 조금 있으면 또 잠에서 깨야 할 것을……. 차라리 책을 보며 잠깐의 시간을 극복해보려 했다. 그러나 소용없는 짓. 몇 분 후 눈앞에서 글자들이 빙글빙글 돌더니 결국 줄거리를 놓쳐버렸다. 하지만 온종일 아이와 씨름한 아내를 혼자 내버려두지 않겠다는 각오에는 변함이 없다.

이런 소용돌이를 두 번씩이나 겪은 카를이 어제는 재미있다는 듯이 눈을 반짝이며 말했다. '그런 생활이 몇 주는 더 계속될 거야.' 그렇다면 몇 주 후에는 우리에게 새로운 생활 리듬이 찾아온다는 걸까? 믿을 수 없다. 아이의 생활 리듬은 여전히 예측 불허인데, 과연 그게 가능할까! 아, 언제까지 이런 생활을 버텨낼 수 있을지 정말 모르겠다.[*]

가끔은 광고 문구가 한 집단의 인생관을 간단명료하게 보여줄 때가 있습니다. 한 번은 어느 은행에서 신문에 새로운 서비스를 광고한 적이 있었습니다. 두 면짜리 광고였는데, 어느 젊은 부부가 서로 꼭 껴안고 바닥에 누워 있는 사진이 한쪽 면에 실려 있었습니다. 그리고 그 사진 밑에 이런 문구가 있었습니다.

"젊음은 오직 이것만을 원한다!"

'오직 이것'이 무엇인지 다음 면에 설명이 있었습니다.

"젊은 부부는 자신들의 직업적 성공에 모든 힘과 정열을 쏟아붓는다!"

거기 두 사람 사이에 아이가 끼어들 여지는 없었습니다. 부부에서 부모로 가는 길에는 수많은 차이점이 있습니다. 이 광고는 단 한 장의 사진으로 부부와 부모의 차이점을 극명하게 보여주었습니다.

내게 한 친구가 있었습니다. 온종일 피아노를 치며 유년 시절을 보

[*] 클레멘스 홀린다, 《한 아버지의 일기장에서》

낸 친구였습니다. 음악은 그녀의 전부였고, 나중에는 피아노 연주가가 되었습니다. 콘서트는 그녀에게 일종의 분화구와 같았습니다. 오랜 시간 엄격한 훈련을 통해 갈고 닦은 기량을 콘서트에서 맘껏 분출했기 때문입니다. 무대에 설 때마다 그녀는 최선을 다했고, 곡에 대한 해석이 뛰어나다는 평가를 받았으며, 그녀의 음악을 좋아하는 청중도 늘어났습니다. 그녀는 자신의 직업을 사랑했으며 무엇보다도 음악 그 자체를 사랑했습니다. 그녀는 곡의 가장 어려운 부분을 청중에게 전달하는 데 성공하면, 그동안의 모든 혹독했던 연습 과정을 다 잊어버리고 마음속에서 솟아나는 뿌듯함을 느꼈습니다. 그리고 대부분의 경우 그녀는 이 뿌듯함을 만끽했습니다.

그런 그녀가 젊은 엄마가 되었습니다. 그리고 자신이 지금까지 인생에서 쌓아올린 모든 게 허물어지는 광경을 지켜봐야 했습니다. 콘서트는 이제 생각할 수도 없었고, 피아노 연습을 매일한다는 것은 더더욱 불가능했습니다. 그녀에게는 피아노 연습을 할 수 있는 자신만의 독립된 공간이 있었습니다. 친구들과 이웃 사람들 모두가 보장해준 공간이었습니다. 그러나 아이가 이 세상에 도착하면서 그 공간은 사라지고 말았습니다.

그녀의 남편도 음악가였습니다. 그는 대규모 교향악단의 바이올린 연주자였습니다. 아이가 이 세상에 도착한 이후, 그 역시 직업적 음악가로서 수행해야 할 연습 시간이 턱없이 부족해졌습니다. 하얀 악보의 까만 점들을 명확하고 깨끗한 소리로 옮기는 규칙적인 연습 말입니다. 그녀의 남편도 자신만의 독립된 공간이 있었습니다. 누구에게도 방해받지 않고 연습할 수 있는 공간이었습니다. 그러나 이제는 상대방을 배려해야만 했습니다. 아이가 잠이 들고 그 틈에 엄마가 잠시 휴식을 취하는 동안, 아무 소리도 내서는 안 되었기 때문입니다. 이것이 그에게 의미하는 것은 집에서는 더 이상 연습이 불가능하다는 것이었습니다. 그래서 그는 자신의 직업을 유지하기 위해 작은 방 하나를 따로 빌려 그곳에서 연습했습니다.

젊은 부모는 대대적인 생활 개편에 직면하게 됩니다. 아이는 부모가 무엇을 원하는지 물어보지 않습니다. 아직 물어볼 능력이 없으니 당연한 일입니다. 아이는 누워서 하늘만 쳐다보며 부모가 보살펴주기만을 기다립니다. 보호받기를 원하고, 안아주기를 원하고, 사랑받기를 원합니다. 아이가 집에 오고 나서부터는 모든 게 순식간에 달라집니다.

이런 변화를 단순히 몇몇 생활상을 개조하는 것만으로 생각한다면 커다란 오산입니다. 가구를 옮기거나 집을 개조하는 것 같은 외적인 생활상을 바꾸는 것과는 전혀 다릅니다. 삶 전체가 변화합니다. 습관, 일정, 수면, 식사 같은 단순한 욕구에서부터 TV 시청, 독서, 음악 감상 등 취미 생활에 이르기까지, 그리고 삶의 기준과 기대치 등 모든 게 변화합니다.

처음에 나는 이런 변화가 너무 당황스러웠습니다. 왜냐하면 모든 일에 커다란 제약이 뒤따랐기 때문입니다. 돌아갈 집은 있어도 쉴 수 있는 집은 없었습니다. 여가 활동, 친구와의 만남, 외식 등 삶의 여유를 느낄 시간이 없었습니다. 쉴 시간도, 쉴 공간도 없었습니다. 수많은 일들이 홍수와 같은 아이의 요구에 떠밀려 사라졌습니다.

이미 아이를 키워본 사람들은 내가 지금 무슨 이야기를 하고 있는지 이해할 것입니다. 우유 먹이기, 기저귀 갈아주기, 옷 입히기, 안아주기, 씻겨주기, 재워주기……. 이런 끝없는 아이의 요구를 들어주다 보면 심신이 지치고 피로가 몰려옵니다. 그리고 이런 날이 몇 주, 몇 달 계속되다 보면 신경까지 날카로워집니다. 집 안은 온통 아이 물건으로 정신이 없습니다. 수면도 부족합니다. 느긋하게 생각하며 대처할 여유도 없습니다. 아이가 울어대면 그저 정신없이 이것저것 해볼 뿐입니다. 아이가 혹시 어디 아픈 건 아닐까? 어디 이상이 있는 건 아닐까? 늘 불안과 걱정이 앞섭니다.

이것이 바로 부모가 되는 과정입니다. 솔직히 나는 이것이야말로 '초년생 부모의 진정한 육아 체험 수기'라고 말하고 싶습니다. 그런데 몇 주, 몇 달, 몇 년이 될 수도 있는 이 시간을 얕잡아보는 사람들이 있습니다. 고이 잠든 아이를 안은 엄마와 그 두 사람을 다정하게 내려다보는 아빠가 나오는 광고를 보면서, 자신이 부모가 되는 모습을 상상하는 사람들도 있습니다. 그러나 그것은 환상입니다. 부모가 되는 시발점은 온화한 세상이 아니라 스트레스와 일, 포기의 연속입니다. 광고 속에서만 다른 모습을 그리고 있을 뿐입니다. 광고 속의 귀여운 아이와 현실의 아이는 아무 관계가 없습니다.

갓난아이는 매순간 위험에 노출되어 있습니다. 그 작고 여린 육체에 아직 면역이 형성되지 않았기 때문입니다. 그러나 가장 큰 위험은 보이지 않는 다른 곳에 있습니다. 바로 부모와 아이 사이에 애착 관계가 제대로 형성되지 않는 것입니다. 이 시기의 애착 관계는 아이의 인생을 좌우합니다. 바꿔 말하면 아이가 부모의 삶을 방해하는 게 아니라 부모가 아이의 삶을 방해할 수도 있다는 것입니다.

현대의 많은 교육 전문가들은 아이의 성장에서 생후 몇 개월이 얼마나 중요한지 강조하고 있습니다. 이 시기의 아이에게 절대적으로 필요한 것은 부모가 항상 옆에 있어주는 것과 부모에게 무조건적인 관심과 사랑을 받는 것입니다. 부모에게 충분한 관심과 사랑을 받고 자란 아이는 정서적으로 안정되고 사회적으로 무리 없는 인간으로 성장합니다. 반면에 부모에게 충분한 사랑을 받지 못한 아이는 청소년이 되었을 때 부모의 관심을 끌기 위해, 또는 마음의 공허함을 달래기 위해 문제를 일으킵니다. 그래서 교육 전문가들은 자기 계발과 직업적 성공, 경제적 부를 이루는 데 골몰하여 부모의 의무를 다하지 못하는 현대의 많은 부부들을 '이기적'이라고 비판하고 있습니다.

오래전에 에리히 프롬이 이것을 짧게 압축해서 말한 적이 있습니다. "문제 있는 아이는 없다. 단지 문제 있는 부모만이 있을 뿐이다."

이 말은 오늘날까지도 교육계의 기본 원칙입니다. 일을 하면서 아이를 돌보는 게 아무리 힘들다 해도 이런 비판의 목소리는 사라지지 않을 것입니다. 이것은 엄마에게만 해당되는 말이 아닙니다. 아이에게는 엄마의 사랑뿐만 아니라 아빠의 사랑도 필요하기 때문입니다. 물론 아빠는 엄마만큼 신체적으로 아이와 접촉할 일이 많지 않습니다. 24시간 옆에 붙어 있을 수도 없습니다. 그러나 아빠가 직장에서 돌아와 엄마를 도와주고 아이와 함께 놀아주면 아이도 그것을 느낍니다. 아빠가 자기에게 관심과 애정이 있다는 것을 말입니다. 무엇보다도 아이는 엄마와 아빠가 함께 자기를 돌봐줄 때 가장 포근함을 느낍니다. 아울러 마음 한구석에 아빠가 채워줘야 할 빈자리도 느끼지 않게 됩니다.

그런데 부모와 아이의 이런 애착 관계보다 더 놀라운 것은 인간의 인식 능력입니다. 인간은 자신이 처한 상황을 이해하고 그에 따른 자신의 역할을 파악하며, 그 역할을 수행하는 데 어떤 문제가 있는지를 깨닫는 놀라운 인식 능력을 갖고 있습니다.

아이와 처음 몇 개월을 보낸 후 육체적, 정신적으로 녹초가 되어 거의 이성을 잃어버리기 일보 직전인 아빠가 있었습니다. 그런데 이런 극한 상황에서 이 아빠가 깨달은 게 있었습니다. 바로 '자신이 요구받은 것이 인간으로서 절대 불가능한 것은 아니다'라는 것이었습니다. 그리고 '단지 습관을 버리면 된다'는 것이었습니다.[*]

이 아빠는 자기 인식의 새로운 차원을 개척했습니다. 자신에게 부여된 과다한 요구 때문에 아이를 원망하지 않았습니다. 대신 요구받은 사람은 바로 자신이며, 과다한 요구를 안고 살아가는 법을 배워야 하는 것도 자신이라는 사실을 받아들였습니다. '습관을 버리는 것'은 진정한 부모가 되기 위해 의식적으로 노력하는 사람들이 통과해야 하는 관문입니다. 그리고 이 관문을 통과한 사람만이 아이를 다른 눈으로 보게 되고, 아이를 안정과 고요의 파괴자 또는 기존 생활의 방해자로 보지 않게 됩니다.

이 아빠는 그것을 깨달았습니다. 막 부모가 된 사람에게 가장 어렵고 까다로운 주문이 바로 '습관을 버려야 한다'는 것입니다. 나도 이 관문을 통과한 후에야 비로소 나 자신을 중심에 두지 않고 생각하게 되었습니다. 그리고 아이가 요구하는 일들을 즐겁게 수행하기 시작했습니다. 기저귀를 갈아주고, 분유를 타고, 집 안을 청소하고, 아이의 울음을 이해하려 노력하고, 안아주고, 달래주었습니다. 자장가도 불러주었습니다. 병원에 예약도 하고 아이의 상태에 대해 의사와 이

[*] 페터 한트케, 《아이들 이야기》

야기도 나누고, 상처를 어루만져주기도 했습니다. 장난감도 직접 사고, 옛날 얘기도 들려주고, 같이 놀아주었습니다. 그리고 내일의 일을 아내와 함께 계획했습니다. 모레의 계획이오? 거기까지는 생각조차 할 수 없었습니다. 그전에 해야 할 일이 아주 많이 있었으니까요. 내일 해야 할 일의 목록이 순식간에 꽉 차버립니다. 물론 내가 잊어버린 것은 아이 엄마가 옆에서 꼼꼼히 챙겨주었지만요.

습관을 버린다는 것은 단순히 퇴근 후 삶의 여유를 찾아주던 생활 영역에만 국한되는 게 아닙니다. 자신이 좋아하는 일상적인 모든 게 다 포함됩니다. 신문을 좋아하는 사람은 신문 읽는 것을 그만둬야 합니다. 컴퓨터를 좋아하는 사람도 컴퓨터를 그만둬야 합니다. 집에서 누구의 방해도 받지 않고 조용히 혼자 일하던 사람도 그런 사치를 잊어버려야 합니다.

나아가 기존의 모든 감각도 변화합니다. 젊은 부모는 다른 사람과는 다른 청각을 갖게 됩니다. 이들은 아이가 울어야 비로소 잠이 깨는 게 아닙니다. 눈은 감고 있지만 청각은 곤두서 있습니다. 바스락 소리만 들려도 소리의 근원지를 찾아냅니다. 소리가 심상치 않으면 아이가 곧 울기 시작할 것을 감지하고 곧바로 일어나며, 그 소리가 별것 아니라는 것을 확인한 후 다시 잠을 청합니다.

후각도 달라집니다. 우리는 원래 역한 냄새는 피하거나 모든 수단을 동원하여 제거합니다. 그래서 우리의 생활 공간은 향긋한 냄새가 나는 기분 좋은 곳입니다. 그러나 아이가 공동 거주자로 등록되면서부터 모든 게 달라집니다. 예민한 후각에도 불구하고 땀 냄새 정도는 아무것도 아닌 게 됩니다. 내가 처음으로 아이의 기저귀를 갈아줄 때는 정말 토할 것 같았습니다. 그런데 며칠이 지나자 역한 냄새는 온데간데없이 사라지고 아무렇지도 않게 기저귀를 갈아주게 되었습니다.

또한 시각도 달라집니다. 특히 우리가 집에 있을 때 더욱 그랬습니다. 집은 우리에게 가장 친숙한 주거 공간이자 생활 공간입니다. 그곳에서는 모든 물건이 제자리에 있습니다. 의자는 식탁 앞에, 책은 책장에, 그림은 벽에, 기념품은 장식장에, 서류 가방은 눈에 가장 잘 띄는 곳에, 컴퓨터는 책상 가운데에. 그런데 아이가 그런 공간을 완전히 바꾸어놓았습니다. 정확히 말하면 아이 때문에 우리의 시각이 바뀌었다고나 할까요? 우리는 우리에게 익숙한 물건으로 가득 찬 주거 공간을 다른 눈으로 보기 시작했습니다. 그러자 그동안 안락하게 살아왔던 주거 공간이 갑자기 위험물의 온상지로 보였습니다. 예전에는 집 안에 이렇게 많은 콘센트가 있었는지 몰랐습니다. 아이의 안전을 위해 집 안을 정리하다 비로소 알게 된 것입니다. 그리고 사방에는 온통 떨어지기 쉬운 물건 천지였습니다. 딱딱하고 뾰족한 모서리는 왜 그리 많은지…….

나는 여기서 낭만주의 시인이자 철학자인 노발리스의 한 문장을 언급하고 싶습니다. "아이가 있는 곳에 황금시대가 있다."

이 문장을 처음 발견한 것은 내가 무수히 많은 책을 읽던 시절이었습니다. 당시 나는 교육과 관련된 문학 작품을 가능한 한 많이 읽으려고 애썼습니다. 아니, 많이 읽을 수밖에 없었습니다. 수많은 작가들이 아이의 평온한 상태를 언어로 표현하려 노력했지만, 내 마음에 와 닿는 구절이 하나도 없었기 때문입니다. 아니면 내가 작가들처럼 영감을 받지 못해서였을까요? 어쨌든 나는 젊은 독자로서 책에서 감동을 기대했지만 그런 일은 일어나지 않았습니다.

그러던 중에 흥미로운 산문시 하나를 읽다가 이 문장을 발견하게 되었습니다. "아이가 있는 곳에 황금시대가 있다." 절망적인 심정으로 찾아 헤매던 바로 그 문장이었습니다! 이 문장은 격언처럼 짧았지만 담긴 의미는 기발했습니다. 29세의 나이로 요절한 이 젊은 시인의 문장은 내게 감동으로 다가왔습니다. 왜냐하면 이 문장에는 다른 교육 관련 서적에 가득한 불평의 소리 대신 새로운 멜로디가 담겨 있었기 때문입니다.

하지만 내가 막 아빠가 되었을 때, 나는 이 문장을 다른 시각으로 보게 되었습니다. 한동안은 이렇게 생각한 적도 있었습니다. '천만에, 노발리스! 아이가 있는 곳에는 문제만 있을 뿐이야!' 사실 이 말은 내 본심이 아니라 내가 현실에서 경험하면서 충동적으로 떠올린 말입니다.

아이가 심하게 아프면 그 순간 부모는 감동의 언어를 잊어버리게 되니까요. 정신이 번쩍 들면서 감상 따위는 잊게 됩니다. 그때 내게 중요한 것은 오직 체온계에 나타나는 숫자뿐이었습니다. 39.6도! 39.7도! 39.9도! 아이의 몸은 불덩이 같았습니다. 나는 아이의 열을 내리려고 차가운 물수건도 대주고 민간요법도 써봤습니다. 그래도 열이 내리지 않아 약을 찾아 헤맸습니다. 갑자기 아이가 어떻게 될지도 모른다는 공포가 엄습해왔습니다. 결국 아이를 업고 병원으로 달려갔습니다. 아이는 링거 주사를 맞고 폐의 엑스레이 사진을 찍었습니다. 그리고 이제 나는 노발리스의 문장이 단순히 아이의 무사태평과 평온만을 표현하는 문장이라고 생각하지 않습니다.

나는 노발리스가 말한 황금시대의 의미를 정확히 알아보려고 헤시오도스˚가 쓴 〈노동과 나날〉을 읽어보았는데, 거기에 이런 표현이 있었습니다. "최초의 크로노스˚ 시대에 신(神)들이 황금 인간을 창조했다. 황금 인간은 신처럼 살았으며 마음에 아무런 걱정이 없었다. 그들은 가난과 궁핍에서 자유로웠고, 노동과는 거리가 먼 생활을 했

˚ 헤시오도스(Hesiodos, ?~?) BC 8세기 말경의 사람으로 추측하는 고대 그리스의 서사 시인이다. 그의 시는 오락성이 짙고 화려한 호메로스의 시와 달리 종교적, 교훈적, 실용적인 성격을 지녔다. 현존하는 작품은 〈신통기〉와 〈노동과 나날〉 두 편뿐이다. ─ 옮긴이

˚ 크로노스(Kronos) 그리스 신화에 나오는 올림포스의 주신(主神) 제우스의 아버지로, 농경과 계절의 신이다. ─ 옮긴이

48

다. 또한 나이가 들어도 늙지 않았다. 모든 불쾌함을 멀리하며 팔다리를 민첩하게 움직이는 축제 속에서 항상 즐겁게 살았다. 죽을 때도 그들은 마치 잠들듯이 평화롭게 죽었다. 단 한 번도 죽음의 공포가 그들을 엄습하지 않았다. 생존을 위해 싸워야 한다는 것을 그들은 알지 못했다. 왜냐하면 세상의 모든 것이 그들 것이었기 때문이다. 비옥한 옥토는 스스로 열매를 맺었고 지상은 온갖 종류의 과일로 넘쳐났다."

혜시오도스는 화려한 언어로 당시 그리스인들이 꿈꾸던 이상향을 요약했습니다. 혜시오도스가 말한 황금시대란 황금과 곡식이 넘쳐나고 아무도 노동할 필요가 없으며, 근심과 걱정 없이 평생을 축제 속에서 즐겁게 사는 시대를 말합니다. 그리고 이것이 후세의 문학과 종교에 영향을 미쳐 인간이 상상하는 천국의 모습을 대변하게 되었습니다. 결국 아이가 있는 곳에 황금시대가 있다는 말은 '아이가 있는 곳에 천국이 있다'는 말입니다.

하지만 나는 이와 좀 다른 해석을 하려 합니다. 왜냐하면 황금시대라는 말은 이후 많은 작가와 철학자들이 인생의 가장 꽃피는 시절을 '인생의 황금기'로 표현하여 사용했기 때문입니다.

우리는 부모로서 수없이 많은 요구를 안고 살아갑니다. 곡식이 넘쳐나 놀고먹는 세상과는 비교도 되지 않습니다. 그렇다면 우리가 부모로서의 짐을 벗어던진다면 우리 인생이 황금빛으로 물들까요? 우리 인생의 무게를 무겁게 하는 게 과연 아이일까요? 우리가 일에서 받는 중압감을 한번 생각해봅시다. 이 중압감은 아이가 우리 인생의 무게를 가중시키는 것과는 비교도 안 될 만큼 무겁습니다. 물론 아이가 태어나면서 우리는 수많은 요구를 받게 됩니다. 그러나 우리가 힘들어하는 진짜 이유는 과다한 요구 때문이 아니라 우리 자신과 힘겨운 싸움을 벌여야 하기 때문입니다. 우리의 기분, 관심, 흥미, 희망 그리고 우리 자신에 대한 생각을 버리고 항상 아이를 먼저 생각해야 하기 때문입니다. 아이는 우리에게 무한한 인내와 끈기를 요구합니다. 아이는 우리를 우리 자신의 한계까지 몰아붙입니다. 우리는 한계에 부딪치면 자신에 대해 깊이 생각해보고 한계를 극복하기 위해 자신을 개선해나갑니다. 그렇다면 이렇게 자신의 한계를 극복하고 자기 자신을 개선해 빛내는 것이야말로 진정한 인생의 황금기가 아닐까요? 사회적 명성이나 부, 명예로 빛내는 게 아니라 말입니다.

우리가 아이를 키우면서 우리 눈앞에서 보게 되는 것은 한 인간의 성장 드라마입니다. 그리고 우리가 원하든, 원하지 않든 우리는 처음부터 이 드라마의 주인공으로 배정되어 있습니다. 우리가 맡은 역할도 확실히 정해져 있습니다. 아이는 받는 역할이고 부모는 주는 역할입니다. 좀 더 쉽게 말하면 처음에 우리는 아이가 원하는 대로만 해야 합니다. 아이가 원한다면 우리는 자고 싶어도 일어나야 합니다. 영화관에 가고 싶어도 집에 머물러야 합니다. 일을 계속하고 싫어도 일을 그만둬야 합니다…….

내가 앞서 이야기했던 피아니스트 친구는 자기 자신과 힘겨운 싸움을 벌였습니다. 그리고 자신의 과제를 이해했습니다. 자신이 인간으로서 절대 불가능한 것을 요구받은 게 아니라는 사실을, '단지' 습관만 버리면 된다는 것을 말입니다.

그녀의 인생을 변화시킨 중력은 바로 이 '단지'라는 작은 단어에 있었습니다. 그녀는 피아노 치는 것을 중단할 수 없었고, 중단하고 싶지도 않았습니다. 하지만 무대에 설 수 없었습니다. 그녀가 몸담았던 콘서트 회사는 그녀 없이도 잘 운영되었습니다. 결국 그녀는 아이가 자신에게 요구하는 것을 받아들였고, 몇 년 후에는 피아노 연주가의 삶으로 다시 돌아갈 수 있었습니다. 그녀가 아직 젊을 때에 말입니다!

나중에 누군가 그것이 '포기'를 의미했던 거냐고 물었을 때, 그녀는 물론 '포기'라고 대답했습니다. 그러나 그녀를 잘 아는 사람들은 그녀의 입술 끝이 조롱하듯이 살짝 치켜 올라가는 것을 놓치지 않았습니다. 그녀는 이제 피아니스트로서 인생의 황금기를 예감하고 있었습니다. 그리고 그녀 곁에 있던 사람들은 그녀 자신보다 그녀의 마음속을 더 잘 들여다보고 있었습니다. 이제 그녀의 마음속에는 고통이 없다는 것을 말입니다.

인간은 어떻게 스스로를 알게 되는가?

관찰을 통해서는 결코 아니다.

그럼, 행동을 통해서라면······.

자신의 의무를 수행해보라.

그러면 자신 속에 무엇이 있는지 알게 될 것이다.

그런데 자신의 의무란 또 무엇일까?

그것은 그날그날의 요구이다.

— 괴테, 《잠언과 성찰》

3

두 번째 탯줄을 자르며

다른 사람을 위해 생각하고 행동해야 한다

"어린아이로 머무는 것이 인간의 성숙에 장애가 되지는 않는다.
또한 성숙한 인간이 되기 위해 어린아이다움을
버려야만 하는 것도 아니다."
― 프리드리히 슐라이어마허[●]

● 프리드리히 슐라이어마허(Friedrich Schleiermacher, 1768~1834) 독일의 프로테스탄
트 신학자이자 철학자로, '근대 신학의 아버지'로 불린다. 주요 저서로 《종교론》《신
앙론》《독백록》 등이 있다. ― 옮긴이

처음에는 일어나야 할 일과 일어나지 말아야 할 일을 아이가 결정합니다. 아이의 생활 리듬이 결정하는 것입니다. 아이는 뭔가를 요구하고, 주문하고, 결정합니다. 그런데 그것을 말로 표현하지 않고 울음으로 표현합니다. 그러면 아이가 원하는 모든 것이 이루어집니다.

부모와 아이의 역할 분담은 간단명료합니다. 덩그러니 혼자 누워 있는 아이가 젖을 달라고, 따뜻하게 해달라고, 자기를 봐달라고, 안아달라고 울어대기 시작합니다. 이 외침을 이해하고 응답해주는 사람은 부모뿐입니다. 분명한 행동으로 말입니다. 그러나 기대했던 응답이 돌아오지 않거나 그 응답이 기대에 못 미치는 경우 아이는 계속해서 울어댑니다. 그것도 항상 일정한 높이의 똑같은 음량으로 말입니다. 이렇게 아이는 한동안 우유와 이유식, 따스함과 보호, 관심과 애정을 찾아 헤매는 삶을 살아갑니다.

이 시기에 인간으로서 겪는 최초의 경험이 아이의 차후 인생에 영향을 미칩니다. 아이가 부모를 신뢰하게 되는 것은 언어를 통해서가 아니라 행동을 통해서입니다. 즉, 자신의 울음에 부모가 어떻게 행동하느냐에 따라 부모를 신뢰하게 됩니다.

이 세상에서 신뢰란 예상할 수 없는 것입니다. 이 세상은 한 개인의 존재에 무관심합니다. 한 개인의 가치는 거론될 만큼 중요하지 않습니다. 이런 무관심에 대한 증거가 바로 우리는 언제든 교체 가능한 존재라는 사실입니다. 우리가 무엇을 하는 사람이든, 사회적으로 어떤 위치에 있든 상관없이 말입니다. 본인의 의지와 상관없이 직장을 그만둔 경험이 있는 사람이라면 '교체 가능하다'는 말이 무엇을 의미하는지 잘 알 것입니다. 그것은 다른 사람에게 내 자리를 비워주는 것을 말합니다. 다른 사람이 내 자리를 대신한다 해도 전체 사회는 무리 없이, 문제없이, 한 치의 삐걱거림도 없이 잘 돌아갑니다. 자신을 '교체 불가능한 존재'라고 생각하는 사람이 있다면 그 사람은 커다란 환상 속에 빠져 있다고나 할까요?

이것은 아마도 한 개인의 가치를 무시하는 현대 사회의 대표적인 행동 양식일 것입니다. 이런 부당한 대우를 받으며 살아가야 하는 게 현대인의 운명입니다. 이 세상은 한 개인의 내부에서 울려 나오는 희망의 소리에 귀 기울이지 않습니다. 무한한 시공간 속에서 한 개인의 가치는 무참하게 흩어져버립니다. 한 개인의 존재는 외부 세계에서 안방까지 흘러들어오는 뉴스와 정보의 소음 속에 파묻혀버립니다. 그래서 가끔은 이런 뉴스와 정보가 그저 텅 빈 공간을 채우기 위해 존재하는 것처럼 느껴지기도 합니다.

이처럼 무관심한 세상 속에서 한 개인의 가치가 무시되는 것은 갓 난아이에게도 적용됩니다. 처음에 이 작고 귀여운 존재는 일가친척을 황홀경에 빠뜨려 감탄사를 연발하게 만듭니다. 하지만 어느 순간부터는 어디 의지할 데 없이 가엾게 홀로 누워 있어야 합니다. 자신의 힘으로는 아무것도 할 수 없습니다. 자발성이라고는 조금도 찾아볼 수 없습니다. 혼자서 살아갈 최소한의 능력조차 없습니다. 그저 모든 것을 다른 사람에게 의지해야 합니다.

아이가 자신에게 무관심한 세상으로부터 벗어날 수 있는 유일한 탈출구는 부모의 품 안에 머무는 것입니다. 부모는 아이에게 인생으로 들어가는 문을 가리켜주는 고마운 사람입니다. 부모는 아이에게 안전과 보호를 보장해주는 사람입니다. 부모는 아이에게 세상을 전해주고 고향이라는 것도 알게 해주는 사람입니다. 그리고 아무 조건 없이 아이에게 이 세상에 머물 장소를 마련해주는 사람입니다. 무관심한 이 세상은 그나마 부모 덕분에 아이에게 인간적인 면모를 갖추게 됩니다. 이렇게 해서 아이는 무관심 대신 신뢰와 믿음을 경험하게 되고, 자기를 있는 그대로 인정해주는 한 공간을 얻게 됩니다. 눈에 보이지 않는 사랑이 가득 넘치는 이 공간에서는 누구도 부모를 대신할 수 없고, 누구도 아이를 대신할 수 없습니다.

그런데 이런 역할 분담을 언제까지 계속해야 할까요? 언제까지 부모는 주기만 하고 아이는 받기만 해야 할까요? 언제까지 아이가 원하는 것을 두말없이 들어줘야 할까요? 언제까지 아이가 모든 것을 결정하게 내버려둬야 할까요? 두 달? 석 달? 반년? 일 년? 이 년? 삼 년? 아니면 더 오래? 도대체 갓난아이 시기는 언제 끝나게 될까요?

이 물음은 부모가 아이를 다룰 때 알아야 할 가장 중요한 문제를 제시하고 있습니다. 동시에 불안감도 암시합니다. 왜냐하면 갓난아이 시기가 언제 끝날지 아무도 정확히 모르기 때문입니다.

가족 내부를 유심히 살펴보면 각 구성원 사이에 불평등한 관계가 존재하고 있다는 것을 발견하게 됩니다. 이미 이에 대한 비판의 노래가 신문지상을 덮고 있습니다. 그것은 오늘날 수많은 '아기'들이 교실에 앉아 있다는 것입니다. 이 아기들은 자신이 원하는 것이 있으면 너무나 당당하게 요구하면서 막상 자신에게 요구되는 것은 조금도 받아들이지 않는다고 합니다. 또한 자기 요구가 관철되지 않으면 그 요구가 관철될 때까지 상대방을 끈질기게 몰아붙인다고 합니다. 결국 이 아기들은 자신의 작은 에고(ego) 속에 갇혀 주변 세계를 지배하려 한다는 것입니다. 한 지방 신문에 이런 기사가 실렸습니다.

정신적 발달 장애를 겪는 아이들의 수가 점점 늘어나고 있다. 한 유아·청소년 정신심리학자의 말에 따르면 초등학생 두 명 중 한 명이 이런 장애를 보인다고 한다. 또한 아이에게 이런 장애를 일으키는 요소는 매우 다양하며 서로 밀접하게 연관되어 있다고 한다. 그는 정신적 발달 장애의

치명적인 결과에 대해 다음과 같이 말했다. "아이들의 정신 연령이 점점 낮아지고 있습니다. 아이들이 여섯 살, 열 살, 열두 살이 되었는데도 여전히 유아기의 정신 연령 수준에 머물러 있습니다. 심하게 말하면 두 살이나 세 살짜리 아기들이 교실에 앉아 있는 것입니다. 그리고 이런 아이들이 계속해서 늘어나고 있습니다."

(……) 오늘날에는 고전적인 교육 방식이 더는 시행되지 않고 있다. "부모들은 무의식적으로 자신의 희망을 아이에게 전가합니다." 쉽게 말해서 아이가 아닌 부모가 학교에 다닌다는 것이다. "아이가 시험에서 낙제 점수를 받아오면 부모는 아이를 나무라는 대신 교사를 찾아가 심하게 따집니다. 그 이유는 부모 자신이 실패한 것처럼 느끼기 때문입니다."

그래서 이 정신심리학자는 그러한 태도들을 유심히 관찰했다고 한다. "부모를 존중해야 한다는 사실을 배우지 못한 아이는 부모에게 심한 욕설을 했습니다." 그러나 부모는 거기에 대해 아무런 대응도 하지 않고 여전히 자신의 아이를 찬양하며 아이가 그런 행동을 한 이유를 이해하려고만 했다고 한다. 유감스럽게도 부모는 자신이 아이에게 얼마나 존중받지 못하고 있는지를 점검해보지 않는다는 것이다. "아무리 자식이라고 해도 상대방이 자신을 무시하면 어떻게 반응해야 하는지 그들은 잊어버린 것 같습니다."

● 페트라 카페(Petra Kappe), 《학교에 두 살짜리 아기들이 점점 많이 앉아 있다》
독일의 방송 언론인이다. — 옮긴이

이와 관련하여 학교의 현실을 비판하는 호르스트 헨젤이 '새로운 아이들'에 대해 언급한 적이 있습니다.[*] 새로운 아이들, 즉 학교 교육을 받을 만한 정신적 여건이 전혀 갖춰지지 않은 아이들이 학교에 다니고 있다는 것입니다. 이 아이들은 다른 사람의 지시를 따를 준비가 전혀 되어 있지 않습니다. 그리고 똑같은 지시를 여러 번 반복해서 들어야 다른 사람, 예를 들어 선생님이 자기에게 무엇을 요구하는지 파악했습니다. 그뿐만 아니라 지시에 따르라고 선생님이 누차 반복해야 겨우 지시에 따라 행동했습니다. 새로운 아이들은 순간적인 아이디어가 풍부했지만 풍부한 아이디어가 학교 교육의 전부는 아닙니다. 이들은 흥미 있는 일은 곧잘 하지만 흥미 없는 일에는 물건을 집어던졌습니다. 그리고 힘든 일은 최대한 피하려고만 했습니다. 선생님이 요구한 일이 쉽게 되지 않으면 곧바로 포기했습니다. 이들이 선택한 인생길은 가능한 한 가장 편한 길을 찾아가자는 것이었습니다. 이 새로운 아이들의 행동 방식에서는 어떤 일을 성취하기 위해 장시간 한 가지 일에 몰두해 노력하는 모습을 전혀 찾아볼 수 없었습니다. 그래서 헨젤은 이렇게 말했습니다. "이런 아이들 때문에 고전적인 교육 방식의 학교는 더는 성장할 수 없다."

(반면에 새로운 아이들의 숫자는 점점 더 늘어날 것이라고 덧붙였습니다.)

---

[*] 호르스트 헨젤(Horst Hensel, 1947~), 《새로운 아이들과 고전적인 학교의 붕괴》
독일의 작가이자 교육학 교수로, 독일과 해외 여러 대학에서 초청 교수로 근무하면서 그의 강연과 작품은 교육학을 넘어서 문화사회학과 언어정치학에 영향을 미쳤다. 주요 저서로 《교육을 배우다》 등이 있다. — 옮긴이

몽테뉴는《수상록》에 교육에 관한 수필을 넣어달라는 요청을 받고 다음과 같이 간단하게 썼습니다. "나는 교육에 대해 아는 게 없는 사람이다. 그런데도 굳이 한마디 한다면, 인간이 가장 인식하기 힘들고 인간의 인식으로 해답을 찾기 어려운 게 바로 교육이 아닐까 싶다. 아이를 가르치고 교육한다는 말은 과연 무슨 말일까?"

몽테뉴의 이 멋지고 짧은 글은 현대 교육의 회의적인 분위기 속에서 웃음을 자아냅니다. 그러나 오늘날 많은 사람들이 수긍할 만한 문장입니다. 몽테뉴는 인간 삶의 진지한 면을 웃음과 해학이 넘치는 글로 신랄하게 표현한 작가였습니다. 내가 몽테뉴의 이 기발한 문장을 그냥 웃어넘기지 않고 진지하게 받아들였을 때, 한 가지 의문이 떠올랐습니다. '아이를 다룰 때 가장 인식하기 어려운 점은 무엇일까?'

우리 부모들이 인식하지 못하고 있는 문제점은 과연 무엇일까요? 나는 이 의문에 대한 해답을 찾아보기로 했습니다. 그리고 얼마 후 경험이 그 해답을 알려주었습니다. 그것은 우리 초년생 부모들이 아이를 다룰 때 자신의 행동에 주인다운 태도를 보이지 못한다는 것이었습니다. 확신을 가지고 상황을 판단하고, 아이가 원하는 것을 명확하게 이해하고, 동기와 의도를 침착하게 확인한 후 행동으로 옮기는 것! 바로 이것이 우리에게 결여되어 있었던 것입니다. 아니면 단편적으로만 존재하고 있었습니다.

내가 처음 부모가 되었을 때 가장 힘들었던 점은 아이의 단음절 언어 '응애, 응애'를 이해하는 것이었습니다. 그 언어는 우리가 이미 오래전에 잊어버린 언어였습니다. 단지 '뭐가 필요하니?' '배가 아프니?' '배가 고프니?' '답답하니?' '목이 마르니?' '무섭니?' '왜, 뭐가 무서운데?' 정도만이라도 알아들을 수 있게 배우고 싶어도 배우는 것이 불가능한 언어였습니다.

우리에게는 다른 방법이 없었습니다. 아이의 울음에 이끌려 이것 저것 해보는 수밖에. 우리는 아이를 안아주기도 하고 요람에 눕혀 흔들어주기도 했습니다. 아이의 단음절 언어에 귀를 쫑긋 세우고 젖을 물려보고, 차를 태워주고, 기저귀도 갈아주었습니다. 할 수 있는 일은 뭐든지 다 해보았습니다. 그러다 보면 가끔은 몇 시간이 걸릴 때도 있지만, 대체로 얼마 지나지 않아 "휴……" 하고 깊은 한숨을 내쉬는 순간이 찾아옵니다. 아이가 울음을 그친 것입니다. 부드러운 잠의 마력에 빠져 아이는 다시 안정을 되찾았습니다.

그러나 아이가 태어난 후 몇 달이 지나면 울음이 더는 절박함의 표현이 아닐 때가 있습니다. 그럼, 아이는 왜 우는 걸까요? 프로이트의 표현대로 '아기 폐하'에게는 부족한 것이 아무것도 없는데도 아이가 울어댄다면 그건 울음이 아니라 명령입니다. 바로 여기에 결정적인 해답이 숨어 있습니다. 아이는 배도 부르고 만족스럽게 잘 지내고 있었습니다. 그런데 갑자기 울어대기 시작합니다. 도대체 무엇을 전달하려는 걸까요? 정말 우리에게 명령을 하는 걸까요? 이렇게 말하는 걸까요? "이제 나를 보살펴라! 나를 안아다오! 나를 걱정해다오! 여기 내가 있다. 나는 너희의 사랑이 필요하다. 피부 가까이 너희의 존재를 느끼고 싶다." 가끔은 정말 내 아이를 보면서 '왕도 저런 왕이 없다'는 생각이 들 때가 있었습니다. 아이가 울어대기만 하면 아이가 원하는 모든 것을 아이 앞에 척척 대령했기 때문입니다.

문제는 어느 누구도 아이의 울음이 진정 무엇을 의미하는지 장담할 수 없다는 것입니다. 아이가 지금 고통을 호소하는 것인지, 아니면 호령을 하는 것인지 아무도 확실히 모르기 때문입니다. 그래서 나는 이 문제의 해답을 과거의 현자에게서 찾아보기로 했습니다.

약 200년 전에 칸트가 교육을 주제로 강연을 한 적이 있습니다. 당시 그 원고는 커다란 주목을 받지 못했고 그의 다른 위대한 작품에 가려 빛을 보지 못했습니다. 그러나 그때 칸트가 예견했던 것은 오늘날 많은 가정에서 일어나고 있는 문제이며 부모들이 가장 절망적으로 생각하고 있는 문제입니다. 칸트는 이 문제를 '아이의 전제정치'라고 이름 붙였습니다.

칸트에 따르면 아이는 규칙이나 법규를 전혀 모른다는 것입니다. 오늘날 우리는 칸트의 말에 이렇게 덧붙이고 싶습니다. "아이는 한계도 모릅니다!" 왜냐하면 아이가 아직 다른 사람과 관계를 맺는 능력을 갖추지 못했기 때문입니다. 그래서 아이의 행동이 자기중심적일 수밖에 없습니다. 아이는 기분에 따라 행동합니다. 기분이 좋으면 밥도 잘 먹고, 혼자 잘 놀고, 재롱도 잘 피웁니다. 하지만 기분이 나쁘면 부모가 무엇을 해주어도 울어대며 호령합니다. 어떻게든 자기 기분을 좀 좋게 만들어보라고 말입니다. 그러면 부모는 아이의 기분을 좋게 만들어 울음을 그치게 하려고 온갖 것을 다 하게 됩니다.

바로 여기서 칸트는 결정적인 문제점을 보았습니다. "만약 유아기 시절에 부모가 아이의 모든 기분을 다 맞춰준다면 부모는 아이의 마음과 예의범절을 그르치게 된다." 그리고 계속해서 이렇게 말했습니다. "물론 아이는 예의범절이나 도덕에 대한 개념이 없다. 그러나 그르친 일을 바로잡기 위해 나중에 부모가 아이에게 엄한 체벌을 가한다면 그것은 아이의 고운 심성을 망치는 일이 된다. 그리고 아이의 부름에 허겁지겁 달려가던 버릇을 뒤늦게 그만두면 아이는 마치 성난 어른처럼 울음을 통해 분노를 표출한다. 어른들은 아이의 작은 몸 어디에서 그런 엄청난 분노가 솟아나는지 상상조차 할 수 없다. 아이는 그렇게 오랫동안 울어대기만 하면 된다. 그러면 모든 것이 자기에게 다가온다. 이것이 아이가 주변 세계에 군림하는 방법이다. 마치 전제 군주처럼!"*

* 칸트(Immanuel Kant, 1724~1804), 《교육에 대하여》

아이는 그렇게 오랫동안 울어대기만 하면 된다. 그러면 모든 것이 자기에게 다가온다…….

그렇다면 언제쯤 부모가 아이의 부름에 응하지 않아도 될까요? 은 유적으로 말하자면 언제 두 번째 탯줄을 잘라야 할까요?

첫 번째 탯줄을 자르는 일은 당연히 아이가 태어났을 때 병원에서 이루어졌습니다. 그것은 엄마와 아이를 하나로 이어주던, 이제는 쓸모없어진 무감각한 기관을 자르는 것이었습니다. 동시에 엄마와 아이의 공생 관계의 끝을 의미했습니다. 첫 번째 탯줄을 자르는 일은 엄마와 아이 모두에게 고통스럽지 않고 자연스러운 일이었습니다.

두 번째 탯줄을 자르는 일은 첫 번째 탯줄을 자르는 것처럼 부모와 아이가 서로 떨어지는 행위입니다. 그러나 부모에게 고통스러운 행위입니다. 하지만 이때부터 아이는 부모가 안아주고 달래주지 않아도 스스로 잠이 듭니다. 이때부터 아이는 부모가 진정시키지 않아도 스스로 안정을 되찾습니다. 이때부터 아이는 부모가 젖을 물리지 않아도 고요한 상태를 유지합니다. 그렇다면 도대체 언제 두 번째 탯줄을 잘라야 할까요?

아이가 생후 5~6개월이 되면 우리가 고민하지 않아도 이 물음의 해답이 풀립니다. 그리고 바로 이 시기에 부모가 어떻게 행동하느냐에 따라 아이와 부모의 공동생활이 향후 어떤 모습을 갖추게 될지 결정됩니다. 그러나 그 행동은 가슴 아픈 행동입니다. 두 번째 탯줄을 자르는 아픔을 겪은 한 아빠가 일기장에 이렇게 썼습니다.

제목 : 잊지 못할 날!

아이가 태어난 후 처음으로 우리 부부가 함께 외출을 했다. 한 친구가 우리를 초대했기 때문이다. 우리는 그 초대를 거절할 수 없었고 솔직히 거절하고 싶지도 않았다. 두 시간이었다. 딱 두 시간만 아이와 떨어져 있기로 했다. 우리는 이웃집 부인에게 집을 봐달라고 부탁하고 친구의 집 전화번호를 남겼다. 무슨 일이 생기면 즉시 연락하라고 하면서.

우리가 집을 막 나선 순간, 갑자기 커다란 불안감이 우리를 엄습했다. 사람들은 보통 자신의 불안감을 다른 사람에게 감추기 마련이다. 그러나 우리 부부는 서로 번갈아가면서 불안감을 내비치고 있었다.

초대한 친구는 우리를 반갑게 맞이했다. 너무나 오래간만이었다. 그 친구는 우리가 불안해하고 있다는 것을 즉시 알아차렸다. 이미 아이를 키워본 경험이 있는 그 친구는 젊은 부모가 처음으로 아이를 혼자 두고 나왔을 때 무엇을 불안해하는지 알고 있었다. 그랬다. 우리 부부는 아이를 혼자 버려두었다는 생각을 떨쳐버릴 수가 없었다. 마음이 아프면서 죄책감이 밀려왔다. 포도주 시음회 초청을 받아들이는 게 그렇게 중요했을까?

"너희 무슨 일 있어?"

"아이가 혼자 있어."

"혼자?"

"응. 아니, 이웃집 부인이 돌봐주고 있지."

"그럼 아무 문제없잖아."

"아니, 그렇지 않아."

"어째서?"

"아이가 울면 어떻게 해?"

"그러면 그냥 울게 내버려두면 되잖아."

우리 부부는 그 친구의 말을 도저히 받아들일 수가 없었다. 아이가 혼자 울게 그냥 내버려두면 된다니! 하지만 그날 저녁, 모든 일은 잘 흘러갔다. 우리가 돌아왔을 때, 아이는 자그마한 침대에서 평화롭게 잠들어 있었고 이웃집 부인은 부엌에서 책을 읽고 있었다.

그러던 어느 날, 그 친구가 말했던 일이 그대로 벌어지는 날이 찾아왔다. 아이에게는 부족한 것이 아무것도 없었다. 배불리 먹고 만족스러워했다. 평안할 수밖에 없었다. 어쨌든 우리 생각에는 그랬다. 그런데 갑자기 아이가 울기 시작했다. 십 분 동안 쉬지 않고 울어댔다. 기나긴 십 분이었다. 우리 부부가 함께 산 이후로 가장 힘든 십 분이었다.

그러나 우리는 너무도 당연한 일을, 온 세상이 우리에게 기대할지도 모르는 일을 하지 않았다. 아이를 위로해주고, 달래주고, 진정시키는 것 말이다. 대신에 우리는 아이가 혼자 울게 그냥 내버려두었다. 그날이 바로 두 번째 탯줄을 자른 잊을 수 없는 날이었다!·

아이가 없는 칸트가 어떻게 이런 상황을 알고 있었을까요! "아이는 그렇게 오랫동안 울어대기만 하면 된다. 그러면 모든 것이

· 클레멘스 홀린다, 《한 아버지의 일기장에서》

자기에게 다가온다." 아이가 울 때는 당연히 자기를 안아달라고, 위로해달라고, 원하는 모든 것을 해달라고 우는 것입니다.

그러나 아이에게 당연하지 않은 게 있습니다. 그것은 부모가 자기의 울음에 반응하지 않고 가만히 있는 것입니다. 언젠가 부모는 동정심에서 우러나오는 본능적인 반응을 그만두고 아이가 울게 그냥 내버려두어야 합니다. 물론 그런 상황을 견디는 게 부모로서 쉽지는 않습니다. 제3자는 부모의 그런 행동을 냉정함이나 무관심 또는 아이와의 주도권 싸움으로 잘못 오해할 수도 있습니다. 그리고 거기에 더해 아이의 울음이 정확히 무엇을 의미하는지 판단하기 어려운 상황이 겹치기도 합니다.

시간의 흐르면 부모는 아이의 울음을 이해하는 법을 배우게 됩니다. 철학적 표현을 빌리자면, 부모가 된다는 것은 '울음의 해석학'을 체득하는 것이라고나 할까요? 경험 있는 부모는 아이의 울음을 구별할 줄 압니다. 뭔가가 부족해서 우는 것인지, 배가 고파서 우는 것인지, 아니면 기분이 나쁘다고 좀 어떻게 해보라고 호령하는 것인지 말입니다. 물론 아무리 경험 많은 부모라도 불확실한 순간은 있기 마련입니다. 아이가 원하는 것을 완전히 잘못 이해할 때가 그렇습니다.

이제 최종적인 의문이 떠오릅니다. 우리는 왜 이런 가슴 아픈 행동을 해야 하는가? 왜 두 번째 탯줄을 잘라야 하는가? 나는 이 물음에 간단히 대답하고 싶습니다.

부모는 이제 막 세상에 온 아이에게 세상을 알려주고, 먹여주고, 냉정한 세계로부터 보호해주고, 두려움에 떨면 위로해주는 유일한 존재입니다. 부모는 아이를 위해서라면 못 하는 일이 없고, 아이가 원하는 것은 무엇이든 다 이뤄주는 신과 같은 존재입니다. 그러나 언젠가 아이는 부모의 도움 없이 혼자 힘으로 자신의 삶을 꾸려가야 합니다. 그래서 가능한 한 일찍 아이에게 '부모는 신이 아니다'라는 신호를 보내는 게 중요합니다. 너무 늦기 전에 아이 스스로 부모의 품을 떠나 자신의 길을 찾아갈 수 있도록 말입니다.

앞에서 언급한 학교 교육의 현실을 기억한다면 부모가 아이의 울음에 무조건 반응하는 것이 어떤 결과를 가져오는지 잘 알고 있을 것입니다. 내 아이가 이기적이지 않고 상대방을 존중하며 상대방에게 존중받는 사람으로 자라길 원한다면, 내 아이가 자기 마음대로 되지 않는 일이 있더라도 쉽게 포기하지 않는 사람으로 자라길 원한다면, 우리는 고통을 참고 두 번째 탯줄을 잘라야 합니다.

우리는 결코 아이가 되어 생각할 수 없다.
그들의 세계로 들어가는 문이
우리에게는 영원히 닫혀 있기 때문이다.

— 루소,《에밀》

4

시간의 부족과 마음의 여유

자기 자신을 위한 시간을 갖는다

"인간은 손목에 찬 시계로 생각한다.

점심을 먹으며 눈은 신문의 주식 시세로 향하고 있는 것처럼,

인간은 끊임없이 뭔가에 쫓기듯 살아가고 있다."

— 니체

지금으로부터 200여 년 전 늦은 여름, 정확히 1786년 9월 3일, 이날은 괴테가 자신의 첫 번째 이탈리아 여행을 떠난 날이었습니다.

"새벽 3시, 나는 카를스바트˚를 몰래 빠져나왔다. 그렇지 않았다면 사람들이 나를 놓아주지 않았을 것이다. (……) 나는 혈혈단신으로 외투 자루와 가죽 가방만을 챙겨 사륜 우편 마차에 몸을 실었다. 7시 반, 나는 츠보다우˚에 당도했다. 안개가 자욱한, 고요하고 아름다운 아침이었다."

3일 후인 9월 6일, 괴테는 뮌헨에 도착했습니다. 그리고 9월 8일, 이탈리아 국경을 통과하면서 여권에 간단한 메모를 남겼습니다.

"여기에 도착했다. 마치 쫓기듯이, 드디어 쉴 수 있는 곳에, 고요의 장소에. 내가 희망했던 그대로다. 몇 년 동안 기억 속에서 향유할 수 있는 그런 날이다."

그 후 8일간의 일기장 기록은 베로나의 원형 극장을 묘사하는 것으로 시작합니다. 9월 28일, 여행을 시작한 지 3주가 훌쩍 지나서

˚ 카를스바트(Karlsbad) '카를 왕의 온천'이라는 뜻의 독일 도시다. — 옮긴이
˚ 츠보다우(Zwodau) 독일과 체코의 국경 도시다. — 옮긴이

괴테는 자신의 위대한 첫 번째 목적지에 도착했습니다. 물의 도시 베네치아에.

괴테는 시간이 있었고 스스로에게 시간을 주었습니다. 그는 특별한 용무나 빡빡한 일정에 대한 압박 없이 여행을 했습니다. 그것은 그의 특권이었습니다. 누구도 그를 쫓아오지 않았고 아무것도 정해진 것은 없었습니다. 그가 원한 것은 오로지 아직 확실하게 사랑에 빠지지 않은 나라, 이탈리아를 근본부터 알아보는 것이었습니다. 여행의 속도에 있어서 괴테에게는 달리 선택의 여지가 없었습니다. 이 체류지에서 저 체류지로, 이 여관에서 저 여관으로, 그저 천천히 앞으로 이동하는 것뿐! 하루에 60~70킬로미터 이상을 행군하는 것은 불가능했습니다.

그러나 정확히 이 속도를 유지했기 때문에 다음과 같은 문장이 탄생할 수 있었습니다. "몇 년 동안 기억 속에서 향유할 수 있는 그런 날이다."

그런데 오늘날의 우리에게 놀라운 것은 이런 괴테가 몹시 다급하고 뭔가에 쫓기는 사람의 심정을 여행 일기에 적어놓았다는 것입니다.

"마부가 우편 마차를 몰았다. 내가 보고 듣는 모든 것이 내 눈과 귀를 스치고 지나갔다. 이것이 나를 가슴 아프게 했다. 이 눈부신 지역을 이렇게 끔찍하게 빠른 속도로 밤에 질주하듯 여행하는 것이. 그러나 앞에서 불어오는 적당한 바람이 나를 희망으로 이끌고 있다는 것이 내심 기쁘기도 했다."

일기장의 다른 곳에는 이런 문장도 있습니다. "내 뒤를 쫓아오는 충동, 불안감, 이런 것들이 나를 쉬게 하지 않았다. 나는 서둘러 계속 앞으로 나아갔다."

지난 200년 동안 시간에 대한 개념이 얼마나 변했는지를 괴테 일기장의 이 부분이 명확히 보여줍니다. 3주라는 시간 동안 괴테는 겨우 첫 번째 목적지에 도착했을 뿐입니다. 그러나 그 정도 시간이라면 현대의 우리는 꿈에 그리던 세계 일주 여행을 다 마치고 이미 집에 도착했을 시간입니다. 이런 속도 차이가 현대인의 일반적인 시간 개념을 대변하고 있습니다. 괴테와 그 시대 사람들은 상상조차 할 수 없는 빠른 속도입니다.

모든 중요한 일에는 시간을 지불해야 합니다. 모든 중요한 일에는 다 때가 있기 때문입니다. 그래서 모든 중요한 일에는 시간의 경제학이 지배하는 독재에서 벗어나 시간적 여유를 갖는 게 중요합니다. 오늘날 인간은 '시간 절약'을 요구받고 있습니다. 최대한 많은 일을 최대한 빠른 시간 안에 해내고 성과를 올려야 합니다. 생산성을 높여야 하는 사람은 결코 시간을 허비해서는 안 됩니다. 이윤을 극대화해야 하는 사람은 절대로 시간에서 눈을 떼어서는 안 됩니다. 점점 빨리 돌아가는 컨베이어 벨트의 논리학이 우리를 지배하고 있습니다. 적어도 산업혁명 이후부터 "최대한 빠른 시간에 최대한 많은 일을 달성하는 사람이 인생의 승리자 편에 설 수 있다"라는 통념이 사회에 팽배해졌습니다. 그 말은 곧 '느린 사람은 도태된다'는 뜻입니다.* 이렇게 직업 세계에서만 통용되던 물리적 성과의 개념이 이제는 인간 삶의 깊은 곳까지 침투하여 우리의 모든 생활 태도를 주도하고 있습니다.

미하엘 엔데는 그의 위대한 소설 《모모》에서 현대인의 이런 생활 태도를 범죄 이야기의 형태로 묘사하고 있습니다. 시간 도둑인 회색 신사 일당이 인간에게서 시간을 훔쳤다는 것입니다. 이 범죄 이야기에는 인간이 오래전부터 제기해온 삶에 대한 근본적인 물음이 담겨 있습니다. 좋은 인생이란 무엇인가? 우리에게 주어진 이 삶을 그저 무의미하게 흘려보내지 않고, 하루하루 차곡차곡 성과물을 쌓아가며 한 발 한 발 앞서 나가는 삶을 살려면 우리는 무엇을 해야 하는가? 물질적 가치 외에 고귀하고 진지하며 의미 있는 것이 아직 이 세상에 남아 있기는 한가? 이런 물음에 대한 이 소설의 첫 번째 대답은 회의적입니다. 시간 도둑인 회색 신사 일당이 그 해답을 공표했기 때문입니다. 회색 신사 일당은 라디오, 텔레비전, 신문 등 모든 매체를 동원하여 자신들이 하는 일을 거리낌 없이 선전했습니다. 그리고

---

* 게르트 아헨바흐(Gerd Achenbach, 1947~), 《내면의 고요를 위한 작은 책》
  독일의 심리학자로, 정신분석학이 아닌 철학에 의거한 심리 치료를 주장하는 '국제 철학적 심리 치료 협회'의 임원 중 한 사람이다. 주요 저서로 《내면의 고요를 위한 작은 책》 《인생 능력》 등이 있다. ─옮긴이

모든 벽보와 광고 표지판에는 인간이 맞이하게 될 행복한 미래를 묘사한 그림이 나붙었습니다. 단, 그것은 인간이 다음 한 가지 사항을 이행했을 경우에만 가능한 행복이었습니다. 바로 시간 절약입니다. 시간 도둑인 회색 신사 일당의 선전은 간단명료합니다.

"시간을 절약하는 사람에게 보다 나은 삶이 돌아간다!"
"미래는 시간을 절약하는 사람의 것!"
"인생에서 더 많은 것을 이룩하라. 즉, 시간을 절약하라!"

이 선전은 시간 절약이 곧 높은 생산성과 물질적 풍요의 전제 조건이 되는 이 세계에 딱 들어맞는 짧고 함축적인 명령문입니다. 즉, 속도 상승만이 성공의 극대화를 보장해준다는 것입니다. 이 세계는 우리가 원하든 원하지 않든 우리 삶의 터전입니다. 이 세계를 벗어나면 우리는 어디에서도 살 곳이 없습니다. 또한 우리는 빠르게 돌아가는 이 세계의 구성원이며 (이에 대해 우리 자신을 속일 필요는 없습니다) 그런 세계로부터 혜택을 누리는 사람들입니다.

현대 사회는 역사상 유례없는 사회적 부(富)를 창출하는 데 성공했습니다. 현대의 대다수 사람들, 특히 적어도 유럽에서는 과거 500년 동안 인류가 겪어왔던 기본적인 의식주 문제에 대해 위기감을 느껴본 적이 없습니다. 기술의 발달과 간편화된 생활, 의료 검진 그리고 개인의 권리 보장과 사회 보장 제도는 현대 사회에서 너무도 당연한 것이 되었습니다. 최근 들어서는 이러한 것들의 지속적인 보장에 대해 논란이 일고 있지만 원칙적으로는 문젯거리가 되어서는 안 될 당연한 것들입니다. 다시 말해 현대의 역사는 거듭된 학문적, 기술적 성공의 결과물입니다. 이런 점에서 보면 인간이 이성의 빛을 따라 어둡고 암울했던 미신적, 종교적 세계관에서 벗어나 스스로 자연과 과학을 개발하여 막대한 부를 창출하는 데 성공한 것처럼 보입니다.

그러나 경험이 가르쳐주는 것은 이러한 성공이 의심스럽다는 것입니다. 그사이 학문적, 기술적 결과물들은 그들의 흉측한 모습을 드러냈습니다. 그리고 그들이 우리에게 부여해준 혜택에 대해 대가를 지불하라고 요구하고 있습니다. 풍요로운 사회의 바쁘게 돌아가는 생활 속에서 이상한 분위기가 감돌고 있습니다. 어디로 흘러가는지 알 수 없는 컨베이어 벨트 위에 우리가 서 있다는 느낌 말입니다. 앞으로 앞으로, 점점 빨리, 더욱 많이.

생산 공장의 가동 속도가 더욱 빨라지고 있습니다. 이는 현대 공장의 창시자들조차 감히 상상할 수 없었던 빠른 속도입니다. 그리고 이런 속도 상승 속으로 우리는 빨려 들어가고 있습니다. 우리의 육체, 우리의 감정, 우리의 가슴과 머리가 가속화 속으로 점점 빨려 들어갑니다. 또한 우리는 정보의 홍수 속에 살고 있습니다. 범람하는 정보가 우리에게 알려주는 것은 인간은 한 가지 정보에 오래 머물러서는 안 된다는 것입니다. 우리는 일정에 쫓기며 새로운 것을 찾아갑니다. 그러나 새로운 것은 출현과 동시에 사라집니다. 잔니 바티모는 현대 사회의 이런 모습을 다음과 같이 묘사했습니다. "현대 사회! 새로운 것의 시대이다. 낡은 것이 새것으로 교체되는 시대이다. 그것도 끊임없는 움직임 속에서. 모든 창의적인 것들은 탄생과 함께 그다음 순간 빛을 잃어버린다. 이것이 현대 사회가 요구하는 유일한 생활 방식이다."*

세계를 장악하고 있는 숨 가쁜 속도 경쟁 속에서 충분히 빠른 것은 없습니다. 오늘의 최고는 내일의 최고가 아닐지도 모릅니다. 그래서 이 세계에서는 2주에 한 번씩 황홀한 속도 전쟁이 벌어집니다. 세계적인 자동차 경주 대회, F1 그랑프리! 이것이야말로 현대 사회의 진정한 올림픽 같습니다. 이 대회에 출전하는 선수는 시대의 영웅이 되고 이 대회를 관전하는 사람들은 무한 속도에 열광합니다.

미하엘 엔데의 소설에서는 아이들이 등장합니다. 마법에 걸린 세계에서 뭔가 심상치 않은 일이 벌어지고 있음을 알아차린 것은 아이들이었습니다. 누구보다도 아이들이 먼저 이런 상황을 견딜 수 없었기 때문입니다. 아이들은 뭔가가 근본적으로 잘못되고 있다고 느꼈

* 잔니 바티모(Gianni Vattimo, 1936~),《현대 사회의 말로》
이탈리아의 포스트모더니즘 철학자이자 작가, 정치가이다. 1964년 토리노대학교 철학과 교수로 재직했고, 1970~1980년대에는 미국 여러 대학에서 초청 교수로 활동했다. 1999~2004년 유럽 평의회 의원으로 활동하면서 2004년에 한국을 방문한 바 있다. ─ 옮긴이

습니다. 그리고 점점 사건의 진상을 깨닫기 시작했습니다.

어느 날, 모모의 집에 아이들이 모였습니다. 모모는 고대 원형 극장의 폐허 속에서 살고 있는 아이였습니다. 예전에는 이곳에서 많은 아이들이 뛰어놀았지만, 언제부터인가 뛰어놀 수 없게 되었습니다. 아이들의 작은 회합에는 뭔가 억제된 공격적인 분위기가 감돌았습니다. 모모가 아이들에게 무슨 일인지 말해보라고 했지만 아이들은 선뜻 입을 열지 않았습니다. "아이들은 침묵을 지키고 있었다. 갑자기 표정들이 침울하게 변하면서 뭔가 숨기는 듯했다."

오랜 침묵이 흐르고 나서 아이들은 자기 자신과 자신들의 변화된 삶에 대해 이야기하기 시작했습니다. 한 아이가 자기 가족에게 멋진 새 차가 생겼다고 했습니다. "엄마 아빠가 시간이 있었으면 차를 닦았을 텐데. 그럼 새 차가 더 멋있게 빛났을 텐데. 그리고 나도 엄마 아빠와 함께 차를 닦았을 텐데."

다른 아이는 매일 극장에 간다고 했습니다. 그 아이의 부모는 '극장은 사람들이 많은 곳이라 안전하고, 무엇보다 아이가 있는 곳을 항상 알 수 있어서 안심'이라고 말했다는 것입니다. 그 아이는 거칠게 덧붙였습니다. "난 전혀 안전하고 싶지도 않고, 엄마 아빠를 안심시키고 싶지도 않아."

한 작은 아이가 손을 들었습니다. 그리고 자신의 새로운 동화 테이프에 대해 자랑스럽게 말했습니다. 그 아이는 이제 동화 테이프를 맘껏 들을 수 있다고 했습니다. 아빠가 동화를 읽어줄 시간이 없기 때문이라는 것입니다. 그리고 아빠는 저녁에 집에 돌아오면 너무 피곤해서 동화를 읽어줄 기분이 아니라고 했습니다. 또한 엄마 역시 하루 종일 집에 없다고 했습니다.

다음 아이는 다른 많은 아이들도 경험하고 있는 것을 얘기했습니다. 학교에서 돌아오면 자기와 동생은 식사를 데워 먹고 밤늦게까지 시내를 돌아다닌다는 것입니다. 또 한 사내아이는 대부분의 시간을 자기 혼자서 보낸다고 했습니다. 그리고 그 대신에 전보다 훨씬 많은 용돈을 받는다고 뽐냈습니다.

그러자 다른 아이가 벌떡 일어나더니 큰 소리로 외쳤습니다. "그건 속임수야! 부모들이 몸값을 지불하고 우리한테서 자유로워지려는 술책이라고!" 그리고 격하게 내뱉었습니다. "부모들은 우리를 좋아하지 않아! 그렇다고 자신들을 좋아하는 것도 아니야. 부모들이 좋아하는 건 이제 아무것도 없어!"

이 말에 한 아이가 발끈했습니다. "그렇지 않아!" 그 아이는 분노에 차 소리쳤습니다. "우리 부모님은 나를 사랑해. 단지 시간이 없을 뿐이야! 시간이 없는 게 우리 부모님 잘못은 아니잖아." 부모님의 사랑에 대한 증거로 그 아이는 휴대용 라디오를 내밀었습니다. 그것은 부모님이 선물로 사준 라디오였습니다.

이런 난투극이 오간 후 작은 집회는 다시 침묵에 빠졌습니다. 아이들은 녹초가 되었습니다. 자신들의 속내를 모두 털어놓았기 때문입니다. 아무 일도 없었는데 갑자기 한 아이가 울기 시작했습니다. 다른 아이들은 그 아이를 그저 슬프게 바라볼 뿐이었습니다. 왜냐하면 그들 모두 울고 싶은 심정이었고 부모로부터 버림받았다고 느끼고 있었기 때문이었습니다.

"단지 시간이 없을 뿐이야!" 이 문장이 소설 전체에서 가장 슬픈 부분입니다. 물질적으로 풍요로웠기에 아이들은 잘 지내는 것처럼 보였습니다. 하지만 아이들에게는 가장 중요한 것이 결여되어 있었습니다. 바로 엄마 아빠와 함께 보내는 시간이었습니다. 그래서 아이들은 부모에 대한 원망과 미안함 사이에서 갈팡질팡하고 있었던 것입니다.

미하엘 엔데는 아주 오래된 문학 모티브를 다시 끄집어내어 시대에 맞는 새로운 형태로 변형했습니다. 버림받은 외로운 아이들은 예로부터 동화와 신화의 전형적인 모티브였습니다. 이 아이들을 걱정해주는 사람은 아무도 없었습니다. 돌봐주는 사람도 없었습니다. 이 아이들은 위험이 도사리고 있는 세계에 버려진 아이들이었습니다. 어린 오이디푸스, 테베레 강에 버려져 이리의 젖을 먹고 자란 후에 로마의 창시자가 된 로물루스와 그의 동생 레무스, 나일 강에 버려진 모세, 마리아의 아이 그리고 별이 된 아이 등이 그 예입니다. 이 아이들의 이야기는 모두 이렇게 시작합니다. "옛날 옛날에 한 불쌍한 아이가 있었단다. 그 아이에게는 아빠도 없었고 엄마도 없었지." 이처럼 옛날이야기의 주인공은 모두가 버려진 아이나 버려진 형제 · 자매였습니다. 신(神)과 마음 착한 사람 그리고 짐승들이 이들의 생명을 거두어 길러주었습니다. 그러나 이 아이들은 대부분 신의 선택을 받은 인간으로서 신은 이 아이들을 통해 자신의 위대한 업적을 이루려고 했습니다.

그런데 이런 구원적 요소가 19세기 초부터 동화에서 사라지기 시작했습니다. 그것은 게오르크 뷔히너*가 그림 형제의 동화《별이 된 아이》를 자신의 희곡《보이체크》에서 각색하면서부터였습니다. 이 희곡에서《별이 된 아이》는 한 할머니가 들려주는 슬픈 노래로 변형되었습니다. "옛날 옛날에 한 불쌍한 아이가 있었단다. 그 아이에게는 아빠도 없었고 엄마도 없었지. 모두가 죽어서 이 세상에는 아무도 없었단다. 그래서 아이는 길을 떠나 밤낮으로 찾아보았어. 하지만 땅 위에는 아무도 없었기 때문에 아이는 하늘로 가고 싶었지. 그때 달님이 아이를 다정한 눈빛으로 내려다봤단다. 그래서 아이는 달님에게 갔는데 가보니 구부정한 나무토막이었어. 아이는 다시 해님에게 갔는데 그곳은 시든 해바라기였지. 아이는 또다시 별님에게 갔는데 그곳은 딱딱하게 말라붙은 불가사리였단다. 그래서 아이는 다시 땅으로 내려왔지만 그곳은 차가운 냄비였지. 마침내 아이는 완전히 외톨이가 되었단다. 할 수 없이 아이는 그냥 별님에게 주저앉아 버렸어. 아직도 그곳에 아이가 앉아 있단다. 홀로 외롭게 말이야."

---

* 게오르크 뷔히너(Georg Büchner, 1813~1837) 독일의 극작가로, 자연주의와 표현주의의 선구자로 일컬어진다. 현대 연극의 여러 과제를 가장 많이, 가장 먼저 다루었으며 주요 작품으로《당통의 죽음》《보이체크》등이 있다. ─ 옮긴이

전하는 바에 따르면, 이 동화는 프리드리히 2세가 유통시킨 작은 별 모양이 새겨진 금화에서 영감을 받아 창작했다고 합니다. 그래서 일명 《별의 금화》라고도 불리는 동화입니다. 뷔히너가 새롭게 각색한 이 동화는 외톨이가 된 19세기 아이들을 묘사하고 있습니다. 반면에 미하엘 엔데의 소설은 외톨이가 된 현대의 대도시 아이들을 묘사합니다. 하지만 이들은 모두 같은 운명을 지닌 아이들입니다. 이 소설에서 이름 없는 아이들이 등장하는 것은 단순한 우연이 아닙니다. 그것은 어른들이 그만큼 아이들의 존재를 의식하지 않고 있다는 것을 상징합니다.

그리고 여기서 말하는 아이들의 운명이란 불행하고 비극적인 삶을 살아갈 운명을 뜻하는 게 아닙니다. 아이들이 살고 있는 시대 상황에서 기인한 사회의 그릇된 행동 양식에 대한 것입니다. 어느 누구도 아이들에게 시간을 내주지 않았습니다. 어느 누구도 그들을 돌봐주지 않았습니다. 아이들은 홀로 방치되어 있었습니다. 구부정한 나무토막처럼, 시든 해바라기처럼, 딱딱하게 말라붙은 불가사리처럼. 그래서 아이들은 자기 자신을 아무것도 아닌 존재로 느끼게 된 것입니다. 부모들은 늘 양심의 가책을 느끼는 존재이기는 하지만, 어쨌든 양심의 가책을 느낀 부모들은 이런저런 선물과 더 많은 용돈, 지키지 못할 수많은 약속으로 보상하려고 했습니다. 그러나 이에 대한 아이들의 생각은 어땠을까요? "엄마 아빠는 우리를 좋아하지 않아!" 이것이 아이들이 내린 결론이었습니다.

미하엘 엔데의 소설에서 아이들이 비밀 회합을 하면서 털어놓은 이야기는 이제 비밀이 아닙니다. 이미 세상 누구나 다 아는 이야기입니다. 교육 전문가들은 오래전부터 이 주제를 다루어왔으며 이와 관련된 수많은 예를 설명하고 있습니다. 그리고 지금이라도 부모들이 아이들에게 시간을 더 내주지 않는다면 아이들은 정말 아무것도 아닌 존재가 될 수 있다고 경고합니다. 시간 대신 안겨주는 물질적인 것들, 예를 들면 잡다한 물건, 쇼핑, 돈 등은 결코 부모를 대신할 수 없기 때문입니다. 이와 관련하여 아스트리트 폰 프리젠은 다음과 같이 날카롭게 비평했습니다. "백화점으로 향하는 발걸음! 그것은 현대의 '쇼핑몰 아이'를 위한 최후의 모험이다."*

구매하고 소비하고, 또 구매하고 소비하고! 수많은 아이들이 이런 악순환에 빠져들고 있습니다. 아이들의 자기 체험과 세계 탐험은 구매와 소비라는 악순환 속에서 끝장나고 있습니다. 아이들의 미래를 위해 세상의 무한한 가능성을 보여줘야 할 부모들이 아이들과 함께할 시간이 없기 때문입니다. 프리젠은 이렇게 덧붙였습니다. "그 결과, 소유한 물건의 질이 삶의 질을 측정하는 기준이 되어버렸다." 아이들이 원하는 것은 물질적인 풍요나 경제적인 뒷받침이 아닙니다.

* 아스트리트 폰 프리젠(Astrid von Friesen, 1953~),《소비 지상주의 교육》
독일의 언론인이자 심리학자이며 작가로, 주로 예술과 심리학, 교육학에 대한 책을 집필했다. 주요 저서로는 여성 해방 이후 여성과 남성, 아동이 겪는 심리적 문제를 조명하는《돈은 아무런 역할을 하지 않는다》《좌절한 여성, 침묵하는 남성》등이 있다. —옮긴이

그것은 부모가 자신들과 함께 시간을 보내면서 자신들의 내면세계를 돌봐주는 것입니다.

여기서 한 가지 의문이 떠오릅니다. 만약 우리에게 시간적 여유가 생긴다면, 만약 우리 모두가 몸담고 있는 이 세계의 숨 가쁜 움직임이 일순간 정지해버린다면, 우리는 우리 자신과 아이의 내면세계를 돌보기 위해 정말 시간을 낼 수 있을까?

쓰고도 남을 만큼 시간이 넘쳐나는 상황은 수없이 많습니다. 휴가, 공휴일, 주말 등 하루 종일 아무 계획 없이 완전히 자유로운 시간 말입니다. 자유 시간! 이 말은 현대 사회의 양상을 이해하는 데 중요한 단어 중 하나입니다. 현대의 자유 시간과 과거의 자유 시간은 다른 의미를 갖고 있습니다. 현대의 자유 시간이란 자유로운 시간을 의미하는 게 아니라 모든 일을 잊어버리고 삶을 즐기는 시간을 말합니다.

우리에게 자유 시간이 찾아왔습니다. 의무도, 일정도 없고 과중한 업무에 대한 스트레스도 없는 시간입니다. 해방의 시간입니다. 아무도 우리에게 '이거 해라 저거 해라' 명령하지 않습니다. 일하지 않는다고 질책하는 사람도 없습니다. 대신에 정원에는 소시지 그릴이 준비되어 있고 냉장고에는 맥주도 있습니다. 누워 잘 수 있는 의자를 정원에 펴놓고 여름 햇살을 즐깁니다. 나지막한 음악, 날아갈 듯 가

벼운 마음, 귓가에 일렁이는 나뭇잎 소리가 일상에서 해방된 진정한
자유 시간의 의미를 속삭여줍니다.

"부지런히 힘들게 일하는 것 말고도 인생에는 할 일이 많다." 롤프
츄크코브스키˚의 유명한 동요의 한 구절입니다. 자유 시간은 우리에
게 매력적입니다. 그래서 현대의 직장인들 중에는 일에 치여 평생을
보내는 것보다 자유 시간을 즐기는 것에 더 큰 가치를 두는 사람들
이 많습니다. 하지만 이들이 휴가나 공휴일, 주말 같은 자유 시간이
있다고 해서 아이와 함께 시간을 보내는 것은 아닙니다. 아이를 엄
마에게 맡겨놓고 혼자 낚시를 떠나거나 스포츠를 즐기거나 등산을
가는 등 자신만의 자유 시간을 즐기고 싶어 합니다.

 어쨌든 이런 자유 시간을 통해 인생의 육중한 무게가 한결 가볍게
느껴질 수 있습니다. 5일 근무하고 주말은 자유 시간, 또 5일 근무하
고 주말은 자유 시간! 인생은 가볍고 단조로운 음악 리듬에 맞춰 흘
러갑니다. 대단한 부귀영화도, 출세도 원하지 않습니다. 특별히 크게
품은 뜻도 없습니다. 아무리 기발한 아이디어라도 아이디어는 단지
아이디어일 뿐, 힘들게 이루고 싶지는 않습니다. 자유 시간을 즐기기
위해서는 필요한 돈만 있으면 됩니다. 현대에는 사용 가능한 신용카

˚ 롤프 츄크코브스키(Rolf Zuckowski, 1947~) 독일의 동요 작곡가로, 40장 이상의 동
  요 앨범을 발표했다. 대표곡으로는 〈행복해! 행복해!〉〈동물도 친구를 필요로 하지〉
  등이 있다. 그의 작품 중 〈작은 사람들을 위한 거대한 쇼〉는 세계에서 가장 긴 동요
  로 기네스북에 올라 있다. — 옮긴이

드만 있으면 누구나 자유 시간을 즐길 수 있습니다. 하지만 이렇게 자유 시간을 즐기다 보면 뭔가를 성취하기 위해 힘들게 일하고 노력하는 것이 크게 가치 있는 일로 여겨지지 않습니다. 그저 기본 생활과 자유 시간을 누릴 만큼의 경제적 여유만 있으면 만족하게 됩니다.

물론 인생을 즐기며 편하게 사는 것도 나쁘지는 않습니다. 하지만 이런 세계에서 살다 보면 인생의 무게가 느껴지는 일은 가급적 멀리하고 싶어집니다. 질병, 죽음, 절망, 한 해 두 해 나이를 먹어가는 것 등 말입니다. 한번 진지하게 생각해볼 가치가 있는 모든 것들이 이제 이 세계에서는 더 이상 잃어버릴 것이 없게 됩니다. 문제는 이런 자유 시간의 달콤함이 '인생은 즐기다 가는 것'이라는 환상을 부추긴다는 점입니다.

그럼 아이는 어떻게 될까요? 아이가 이런 환상과 함께 자라나도 될까요? 이렇게 자라나는 아이의 눈에 비치는 인생이란 어떤 것일까요? 신나는 이벤트를 즐기다 가는 것? 그러면 세상은? 갖고 싶은 물건이 가득한 거대한 슈퍼마켓? 이런 아이의 눈에 비치는 가족이란 무엇일까요? 부모는 필요한 물건을 살 돈을 대주는 사람? 그리고 가족은 공동 소비 단체? 그 이상은 여러분의 상상에 맡기겠습니다.

여기서 궁극적으로 얻어지는 결론은 자유 시간이 많다고 해서 삶의 질이 향상되는 게 아니라는 사실입니다. 세상에는 남아도는 시간을 주체하지 못해 온갖 심심풀이로 하루를 보내는 사람들이 있습니다. 심지어는 시간을 죽이는 사람들까지 있습니다. 각종 스포츠와 취미 활동을 쫓아다니며 하루를 바쁘게 보내는 사람들도 있습니다. 그리고 이런 생활에 아이를 합류시킬 수도 있습니다. 마치 세상에서 가장 당연한 삶처럼 말입니다.

그러나 문제는 이런 것입니다. 과연 우리가 아이와 함께 그런 삶을 살아도 되는가? 우리는 올바른 길 위에 서 있나? 아이에게 세상을 보여줘야 할 우리는 과연 먼저 세상을 어떻게 바라봐야 할까? 우리는 자신과 아이를 위해 시간을 가져야 하는데, 과연 우리 모두가 강요당하고 있는 현대 생활의 속도전과 거리를 유지하며 살 수 있을까? 희망하는 것이 서로 다르더라도 상대방의 신경을 건드리지 않으며 조화롭게 의견을 모아가는 가족 공동체를 만들기 위해 우리는 무엇을 해야 할까? 그런데 이렇게 하면 혹시 우리가 너무 비현대적인 개념으로 아이를 키우는 게 아닐까?

"우리에게 우리의 나날을 세는 법을 가르치사 지혜의 마음을 얻게 하소서." 《구약성서》 '시편'에 나오는 구절입니다. 이 말은 우리에게 주어진 시간이 많지 않다는 것을 깨닫고 하루하루 의식 있게 살아가다 보면 지혜의 마음을 얻게 된다는 뜻입니다. 이것을 터득한 사람은 차분한 시선으로 세상을 바라보게 됩니다. 물질적, 경제적 풍요보다는 내면세계의 풍요가 더 중요하다는 것을 알게 됩니다. 뭔가에 쫓기듯 허둥지둥 살아가는 생활 태도를 극복하기 위해 노력하게 됩니다. 또한 일을 인생의 전부가 아니라 일부로 보게 됩니다. 만약 직업이 인생에서 차지하는 다른 의미를 찾지 못한다면 우리는 직업을 생계유지를 위한 수단으로 보게 될 것입니다. 그리고 인생에는 일보다 중요한 것이 많다는 사실도 깨닫게 될 것입니다.

이것을 깨달은 사람은 아이와 함께 시간을 보내며 아이에게 충분한 관심을 선사할 수 있습니다. 뭔가에 쫓기는 느낌 없이 일과 사람 그리고 상황이 충분한 시간을 두고 일어나게 합니다. 그런 다음 무슨 일이 일어났는지, 일어난 일의 의미가 무엇인지를 생각합니다. 그 일의 목적과 의도, 이득을 따지지 않고 말입니다. 왜냐하면 이런 사람은 이득을 따지는 태도야말로 시간을 우상으로 섬기는 태도라는 것을 알기 때문입니다.* 시간 절약을 위해 이득이 되는 일은 하고, 이득이 되지 않는 일은 안 하는 태도 말입니다. 그리고 이런 사람은 시간 절약보다 더 큰 가치가 있는 일을 발견하게 됩니다. 시간 절약이 최고의 미덕이라고 믿던 시절에 무가치하고 무의미하게 여겼던 일들에 새삼 애정을 갖기 시작합니다.

내가 가장 먼저 깨달은 것은 아이에게서 배울 점이 많다는 사실이었습니다. 아이는 창조적인 존재였습니다. 아이가 세상을 바라보는

---

* 프리드리히 실러, 《인간의 미학적 교육에 대하여》

시각은 어른들은 상상도 못할 만큼 기발하고 순수했습니다. 아이에게 세상은 아직 탐험할 곳이 무궁무진한 보물섬과 같았습니다. 아이는 세상에 대한 호기심으로 가득 차서 활짝 열린 마음으로 세상을 바라봤습니다. 나는 이런 아이에게서 새로운 시각으로 세상을 바라보는 법을 배우기 시작했습니다.

여유란 시간적 여유가 아니었습니다. 그것은 마음의 여유였습니다. 마음의 여유가 있는 사람은 열린 마음으로 느긋하게 세상을 바라봅니다. 그리고 인생에서 가장 힘든 것, 즉 다른 사람을 이해하는 법을 배우게 됩니다. 성급하게 결정하지도, 쉽게 단정 짓지도 않습니다. 아이는 정말 내게 수수께끼 같은 존재였습니다. 그러나 아이를 이해하려고 노력하면서부터 탐험할 곳이 많은 세계에 발을 들여놓게 되었습니다. 그리고 나의 닫힌 마음이 내 눈을 가려서 못 보았던 것들을 새로 발견하게 되었습니다. 그후 나는 세상에서 가장 작은 것 앞에 감탄할 줄 아는 자세로 살아가게 되었습니다.[*]

부모는 이런 자세를 가장 아름다운 모습으로 보여준 사람입니다. 아이가 막 이 세상에 왔을 때 말입니다. 세상에서 가장 작고 연약한 존재 앞에 한참을 서서 찬탄을 아끼지 않던 사람이 바로 부모였으니까요. 비록 일순간이라 할지라도 말입니다. 한 생명이 태어난 순간,

[*] 테오도르 아도르노, 《부정적 변증법》

우리 모두는 얼마나 큰 경이로움을 느꼈습니까!

갑자기 한 가지 의문이 떠오릅니다. 우리가 이 최초의 경이로움을 계속 간직하는 것이 정말 불가능한 일일까? 집 안을 치우고, 기저귀를 갈아주고, 장을 보러 가는 생활의 서사시 속에서 한때 절정에 달했던 사랑의 감정을 계속 유지하는 게 정말 불가능할까?

이것이 가능하다는 것을 노부부들이 보여주고 있습니다. 그들은 사랑이 지속될 수 있다는 것을, 사랑의 빛이 하룻밤의 정사로 꺼지지 않는다는 것을 몸소 보여주고 있습니다. 사랑에서 항상 문제가 되는 것은 불변성과 지속성입니다. 즉, '일상 속에서도 사랑의 힘이 발휘될 수 있는가?' 하는 것입니다. 우리가 현재 살고 있는 속도전의 시대에서는 이 문제가 더욱 첨예화되고 있습니다. 사람들이 빨리 사랑에 빠지기도 하지만 그만큼 빨리 사랑이 식기도 하기 때문입니다.

미하엘 엔데의 《모모》로 다시 돌아가보겠습니다. 모모의 집에서 열린 슬픈 회합에서 한 아이가 한 말입니다. "부모들은 우리를 좋아하지 않아! 그렇다고 자신들을 좋아하는 것도 아니야. 부모들이 좋아하는 것은 이제 아무것도 없어!" 이 말은 시간이 없는 어른들의 상황을 대변하는 말이 아닙니다. 어른들의 문제는 시간이 없는 게 아니라 세상에 대한 흥미를 잃어버린 겁니다. 아이들은 어른들보다 한발 앞서 문제의 핵심을 보고 있었습니다.

아이와 함께한다는 것은 내게 천지창조의 일주일과 같았습니다. 아이를 통해 끊임없이 새로운 세계를 발견하고, 연구하고, 생각하게 되었기 때문입니다. 하루하루가 신선하고 새로웠습니다. 아이는 내가 생각해본 적이 없는 것에 의문을 품게 만들었습니다. 또한 당연시했던 것들을 다시 한 번 생각해보게 만들었습니다. 이렇게 아이와 하루하루를 함께하면서 내면세계가 가득 차오르는 것을 느꼈습니다. 내 생각에는 이것이 바로 하루하루를 의식 있게 사는 삶인 것 같습니다.

"인간 내면의 가장 고귀한 희망은 언제나 현실 속에서 일그러진 형상으로 우리에게 다가온다." 도스토옙스키의 말입니다. 우리는 결혼해서 아이를 낳고 안락한 가정을 꾸리는 것을 꿈꿔왔습니다. 그러나 현실의 남편과 아내는 자신이 꿈꿔왔던 모습과 다를 수 있습니다. 또한 현실의 결혼 생활도 자신이 꿈꿔왔던 모습과 다른 형상으로 나타날 수 있습니다. 마찬가지로 그렇게 소망했던 아이가 현실에서는 우리 생각과 다른 모습으로 나타날 수도 있습니다. 그렇다면 우리는 이 일그러진 형상과 화해하는 법을 배워야 하지 않을까요?

속죄의 날 전날 밤, 모든 사람들이 예배당에 모여 랍비를 기다렸다. 그러나 시간이 지나도 랍비는 오지 않았다. 한 부인이 혼잣말로 중얼거렸다. "아직 한참 더 있어야 하겠지? 시간에 맞추느라 허겁지겁 서둘러 왔는데, 아이도 혼자 집에 놔두고 말이야. 지금 잠깐 집에 가서 아이가 깼는지 보고 와야겠어. 몇 분이면 될 거야."

그녀는 뒤쪽으로 뛰어가서 문에 귀를 대고 바깥 동정을 살폈다. 조용했다. 살금살금 손잡이를 내리고 머리를 살짝 밖으로 내밀었다. 그런데 랍비가 거기에 서 있었다! 그녀의 아이를 팔에 안고서.

예배당으로 오는 도중 아이의 울음소리를 들은 랍비는 그 소리를 따라갔다고 한다. 그리고 아이와 함께 놀아주었고, 아이가 잠들 때까지 노래를 불러주었다고 한다.

— 마르틴 부버, 《하시디즘의 우화》

● 마르틴 부버(Martin Buber, 1878~1965) 오스트리아 빈 태생의 유대인 종교 철학자이다. 방대한 양의 하시디즘(유대인 신비주의) 전통을 담은 이야기를 독일어로 번역하면서 유럽 사회에 하시디즘을 널리 알리고 이해시키는 데 이바지했다. — 옮긴이

5

교육이란 무엇일까?

단호한 태도를 취할 수밖에 없다

"우리는 우리가 공감하는 것에 대해 말할 권리가 있다."

— 괴테

아이가 유치원에 가야 할 나이가 되면 부부 사이에 새로운 고민이 생겨나기 시작합니다. 많은 부부가 이 부분에서 상반된 견해로 마찰을 빚는 것을 자주 보았습니다. 우리 부부도 마찬가지였습니다. 그것은 바로 '교육' 때문이었습니다. 이 주제에 대해서라면 이미 시중에 많은 책이 나와 있습니다. 그럼에도 나는 '교육'에 대해 무슨 말을 더 하려는 걸까요?

암울한 생각이 먼저 떠오릅니다. 교육이라는 이름으로 행해지는 각종 벌칙과 체벌, 바른 길로 인도하기 위해 아이와 씨름하는 부모, 선함의 미덕을 가르치고자 부모가 아이에게 항상 하는 말 "그건 나쁜 짓이야!" "착한 아이가 그러면 못써!" 등.

칸트가 말했습니다. "좋은 교육이란 (……) 세상의 모든 선함이 샘솟는 곳이다." 그리고 이렇게도 썼습니다. "인간의 본성이 교육을 통해 점점 좋은 방향으로 발전하고, 인간이 인간 본성을 인류에게 맞는 형태로 만들 수 있다는 것은 상상만 해도 황홀하다. 이것은 미래에 우리 인간 종족이 행복할 거라는 가능성을 보여준다."

아이의 100년을 내다보는 성공 지향적인 교육 계획과 프로그램이 선풍적인 인기를 끌고 있는 오늘날, 비판적인 사람들은 칸트의 이 말에 쓴웃음을 지을 것입니다. 선함이 곧 교육이라니? 그건 철학자들의 전형적인 주제 아닌가? 그 말 자체가 모순이야. 어떻게 교육이 선함의 근원지며 전달자라는 거지? 아이의 창의성과 자발성을 무시하고 사회적, 도덕적, 윤리적 관념만을 일방적으로 주입하는 교육이 어떻게 선함의 근원지가 될 수 있지? 부모들 역시 항상 "다 너를 위한 거야!"라는 선한 말로 아이의 희망과 의지를 꺾고 있지 않은가?

이런 비판적인 시각 때문에 근래에는 엄한 교육의 형태를 찾아보기 어렵습니다. 오히려 아이의 창의성과 자발성을 지나치게 존중하여 아이의 그릇된 행동을 그냥 넘기는 부모가 늘고 있습니다. 그렇다면 '교육'이란 무엇일까요? 교육(Erziehung)이란 단어는 원래 '어린 나무가 올곧게 자라도록 삐뚤게 자라는 나무에 버팀목을 대고 반대편으로 나무를 끌어당긴다(ziehen)'라는 말에서 유래했습니다. 그래서 '교육'이란 아이가 올곧게 자라도록 부모가 도와주는 것을 뜻했습니다. 교육이란 단어에 항상 '올바른', '모범적인', '선한'이라는 수식어가 따라다닌 것도 이런 이유에서였습니다.

그런데 이와 같은 교육의 개념이 오늘날에는 왜 퇴색했을까요? 그리고 오늘날 교육 비판론자들이 말하는 교육이란 어떤 교육일까요? 우리 부부가 마찰을 빚었듯이 사회에서도 교육에 대한 상반된 견해들이 존재하고 있습니다. 그래서 나는 교육에 대한 해답을 얻기 위해 이들의 목소리를 들어보기로 했습니다.

우선 옛사람들이—그것도 신성한 이유에서—오랫동안 지켜왔던 교육의 발자취를 아주 오래된 문헌에서 찾아볼 수 있었습니다. 구약 외경의《집회서》에 이런 구절이 있었습니다. "자식을 사랑하는 부모는 매를 아끼지 않는다. 만년에 그 자식은 기쁨이 될 것이다."

이런 교육론을 비판하는 한 교육자가 여기에 호된 질책을 가했습니다. "모든 교육은 강요와 폭력, 억압으로 이루어진다. 교육은 반항을 굴복시키고 불만족을 불러일으킨다. 따라서 교육은 강한 자의 권력이다."*

《집회서》의 다른 구절에는 이런 말도 있었습니다. "자식을 엄격히 키우는 사람은 덕을 볼 것이며 친지들 사이에서 그 자식이 자랑거리가 될 것이다.""자식의 응석을 너무 받아주다가는 큰 화를 당하게 되고, 자식하고 놀아만 주다가는 슬픔을 맛보게 된다."

교육 비평가인 에케하르트 폰 브라운뮐*은 이렇게 썼습니다. "교

* 한스 페스탈로치(Hans Pestalozzi, 1929~2004),《새로운 학교의 실행》
* 에케하르트 폰 브라운뮐(Ekkehard von Braunmühl, 1940~) 독일의 시사평론가이자
  아동법률가로, 반(反)교육학의 창시자이다. 1970년에 스물다섯 가족을 구성으로 체

육은 인간을 경멸하는 사회적 형태이다."

마르틴 루터는 자신의 교육관을 가차 없이 표명했습니다. "만약 너희가 아버지와 어머니에게 순종하지 않고 부모로부터 교육받기를 거부한다면 너희는 범죄자로서 사형 집행인 앞에 순종하게 될 것이며 (……) 죽은 자의 몸으로 순종하게 될 것이다." 현대인들이 혀를 내두를 문장입니다. 오늘날 '순종'이란 단어는 아주 낯선 구시대의 유물 중 하나가 되어버렸기 때문입니다. 단지 그런 시대가 있었다는 말만 들었을 뿐 현대인과는 아무 상관도 없는 그런 구시대의 유물 말입니다.

어느 주간지에 연재되었던 교육에 대한 기고문 중에 '순종'에 대한 글이 있었습니다. "독재와 전쟁의 기본 전제 조건이 순종이듯이 모든 교육의 기본 전제 조건은 순종이다." 이 글에서는 불순한 의도가 엿보였습니다. 왜냐하면 '전쟁은 나쁜 것이다. 독재도 나쁜 것이다. 두 가지 모두 순종을 토대로 한다. 교육 또한 순종을 토대로 한다. 그러므로 교육도 나쁜 것이다'라는 결론에 이르게 되기 때문입니다.

루터와 비슷한 생각을 한 사람도 있었습니다. 단지 루터처럼 무시무시한 어조로 말하지 않았을 뿐입니다. 바로 칸트입니다. "초기에

벌과 권위주의에 반대하는 학부모 연맹을 창설했다. 주요 저서로 《반교육학》 《반교육학적 계몽이란 무엇인가 ― 엄격한 교육론의 오해와 남용 그리고 실패》 《아이들을 위한 시간》 등이 있다. ― 옮긴이

아이는 맹목적으로 순종할 수밖에 없다." 다른 곳에서는 이렇게 썼습니다. "아이의 특성에는 (……) 무엇보다도 순종이 속한다." 또는 "생도에게 있어서 최초의 시기는 그런 시기다. 왜냐하면 자신을 낮추고 수동적으로 순종하는 것을 증명해야 하기 때문이다." 그리고 이렇게 확신했습니다. "규율을 등한시하는 것은 문화를 등한시하는 것보다 더 큰 죄악이다. (……) 규율을 어기는 것은 다른 어떤 것으로도 보상될 수 없다."

옛사람들의 교육관을 계속 더 들어볼 필요가 있을까요? 아니면 당시의 교육 비판론적인 목소리를 다시 한 번 들어봐야 할까요? 우리는 이미 교육에 대한 상반된 두 입장을 충분히 들어본 것 같습니다. 그리고 두 입장 모두 자기의 주장을 굽힐 의사가 전혀 없다는 것도 분명해 보입니다.

그렇다면 어떻게 아이를 교육해야 할까요? 교육이 정말 아이에게 원치 않는 것을 강요하는 것일 뿐이라면, 아이는 스스로 자신의 잘못된 행동을 깨닫고 바로잡을 수 있다는 말이 됩니다. 이것이야말로 가장 바람직한 현상입니다. 인간은 이해하는 능력을 지닌 동물입니다. 그래서 과거의 잘못을 깨닫고 비판하면서 지난 시기의 퇴행적 유물과 결별하고 싶어 합니다. 인간은 오랜 문화적 진보의 역사 속에서 자신의 현 위치를 확인하고 더욱 발전된 미래를 꿈꿉니다. 아이 역시 한 인간으로서 그런 특성을 지니고 있을 것입니다. 이것이 한편의 입장입니다.

그러나 다른 한편으로 우리는 현실을 무시할 수 없습니다. 교육이 정말 아이에게 필요 없을까요? 과거의 교육이 단지 비인간적인 방법으로 아이의 자발성과 창의성을 짓밟는 것에 불과할까요? 정말 부모는 가만히 앉아서 아이가 하는 것을 지켜보기만 하면 될까요? 과거의 교육이 그토록 시대정신에 어긋난 것일까요? 그렇다면 아이의 자발성과 창의성만 믿고 교육을 등한시한 오늘날의 결과물은 어떤가요? 자신밖에 모르는 이기적인 아이들이 속출하고 있습니다. 자기 일이 아니면 냉담합니다. 공중도덕, 공중질서, 예의범절을 모르고 타인, 특히 노약자와 임신부, 장애인을 배려하지 않는 아이들이 늘어나고 있습니다.

지난 1세기 동안 수많은 교육 전문가가 새롭고도 긍정적인 교육 방법을 찾으려고 노력했습니다. 그런 그들이 가장 크게 고민한 것은 이런 거였습니다. 설교와 체벌 이외의 다른 길은 없는가? 권위적인 위계질서 외에 다른 방법으로 아이를 다룰 수는 없는가? 언제까지 부모가 보호자로서 아이를 대신하여 모든 것을 결정해야 하는가? 그리고 꼭 아이에게 '이거 해라 저거 해라' 일일이 지시해야 하는가?

20세기는 형식적이고 획일적인 주입식 교육이 찬양받는 시대가 아니었습니다. 지난 세기의 모든 사상과 정신이 해체의 길을 걸으며 사회 전체가 혼란한 시대였습니다. 게다가 자유주의와 온갖 해방주의가 성행하면서 교육에도 자유주의 물결이 휩쓸고 지나갔습니다. 그러면서 시간과 더불어 아이를 다루는 새로운 방법이 고안되기 시작했습니다.

수많은 새로운 방법들 사이에서 하나의 일관된 경향이 나타났습니다. 사회적, 정치적 흐름에 쉽게 휘둘리지 않고 진중하게 행동하는 사람들이 생각해낸 것은 '어른들이 교육에서 맡아왔던 권위적인 역할을 버리는 것'이었습니다.

야누시 코르착은 이렇게 말했습니다. "우리는 어른으로서 아이를 올려다볼 수 있는 시각을 가져야 한다. 반드시 어른이 아이를 내려다봐야 하는 것은 아니다. 어른과 아이의 신체 조건이 아무리 그렇다 할지라도 말이다. 이러한 시각의 변화가 형성되었을 때 비로소 부모는 아이의 인생을 자유로운 눈으로 바라볼 수 있게 된다."

야누시 코르착의 교육 이념이 주장하는 것은 위계질서적인 교육을 해체하자는 것입니다. 이것은 곧 체벌과 강요가 지배하는 교육을 거부한다는 뜻입니다. 권위주의적인 교육에 반대하여 철저한 자유 교육을 주장한 서머힐의 설립자 알렉산더 서덜랜드 닐은 다음과 같이 말했습니다. "내가 아는 가장 행복한 가정은 부모가 아이에게 도덕을 강요하지 않고 아이를 존중하며 아이와 솔직하게 대화를 나누는 가정이었다. 이런 가정에는 공포가 없었다. 아버지와 아들이 동료가 되었다. 그리고 시간과 더불어 사랑이 무르익어갔다."[*] 그의 기본 교육 이념에 따르면, 자신의 고유한 법칙에 따른 삶이란 아이가 정신적, 육체적 권위에 짓눌리지 않고 자기 자신을 자유롭게 펼칠 수 있는 권리를 갖는 삶입니다. 그러나 이 모든 것이 말처럼 그렇게 간단하면 얼마나 좋겠습니까?

20세기 후반 들어 교육 비판론자들은 여기서 한 발 더 나아갔습니다. 그들은 기존의 모든 교육을 부정하고 교육 자체를 거부했습니다. 심지어는 권위주의적인 교육에 반대하는 자유 교육마저도 거부했습니다. 그리고 '반(反)교육운동'을 펼치기 시작했습니다. 이 운동의 대표자들은 모든 사람이 볼 수 있도록 자동차에 "교육? 고맙지만 사절!"이라는 표어를 붙이고 전국을 돌아다녔습니다. 그들의 이념이 담긴 대표적인 책 《반교육론 입장》에는 다음과 같이 쓰여 있습니다. "아이는 처음부터 사회의 한 개체다. 아이는 혼자 힘으로 사회라는 공간에서 자신을 관철시킬 수 있다. 그리고 태어남과 동시에 자신에게 최선이 무엇인지 감지하는 능력을 지니고 있다. 또한 그것을 전달할 능력도 있다. 아이는 사회적 환경을 자신에게 복속시키고 자신의 희망을 현실로 만들어나갈 능력이 있다."

---

[*] 알렉산더 서덜랜드 닐(Alexander Sutherland Neill, 1883~1973), 《반권위적 교육의 이론과 실습》
영국의 교육가로, 1921년 대안 학교인 서머힐을 설립하여 아동의 요구를 존중하는 자유주의 교육을 실천했다. 주요 저서로 《문제아》 《자유로운 아동》 등이 있다. ─옮긴이

그렇다면 부모가 수행해야 할 과제는 무엇일까요? 다른 작가가 명확히 말해주고 있습니다. "여러분 아이의 모든 감정, 여러분 아이의 모든 희망, 여러분 아이의 모든 결정은 여러분 아이의 내부에서 비롯된 것이므로 정당한 것입니다. 그리고 여러분이 존중해야 할 것입니다. 여러분 아이의 영혼, 여러분 아이의 감정과 의지의 표명, 여러분 아이의 동기는 여러분에게 금지되어 있습니다. 그러므로 여러분은 그것을 감정하고 평가해서는 안 됩니다. 물론 칭찬도, 비난도 금지되어 있습니다."● 그리고 마지막으로 강력한 명령문 한마디를 덧붙였습니다. "간섭하지 마십시오!"

많은 사람들이 '그건 대단한 환상이야'라고 생각할지도 모릅니다. 급진적 무정부주의처럼 허무맹랑한 소리라고 생각할 수도 있습니다. 그리고 한 귀로 듣고 한 귀로 흘려버릴 수도 있습니다. 그러나 오늘날 서구인들이 보여주는 교육에 대한 태도는 그게 현실이라는 것을 입증하고 있습니다. 그런 현실은 심지어 유행가 가사에도 나타났습니다.

"우리에게는 교육이 전혀 필요 없다!" 팝 그룹 핑크 플로이드● 가 30년 전에 불렀던 노래의 가사입니다. 전 세계적으로 히트한, 잊을 수 없는 노래입니다. 모든 세대가 알고 있었고 나중에는 나이 든 노

● 에케하르트 폰 브라운뮐, 《아이들을 위한 시간》
● 핑크 플로이드(Pink Floyd) 1965년 결성된 영국의 록 밴드로, 철학적인 가사와 실험적인 음악 등으로 유명하다. ─ 옮긴이

인들까지도 함께 따라 불렀던 노래입니다. 몇 년 후, 독일 가요계의 대중적 철학자인 헤르베르트 그뢰네마이어*는 핑크 플로이드의 히트곡을 독일식 버전으로 바꿔 불렀습니다. "아이에게 주도권을! 아이에게 권력을!"

이와 같은 사례는 수없이 많습니다. 이제 오늘날의 교육 비평가가 우려하는 것은 권위주의적인 교육이 아니라 완전히 다른 것입니다. 그 사이에 아이가 독재자가 되었기 때문입니다. 온 가족을 쩔쩔매게 만드는 독재자 말입니다. 칸트는 이것을 '아이의 전제 정치'라고 예견했습니다.

반교육주의 이론가들은 아이를 희망의 보유자로 보았습니다. 이들에게 있어서 아이는 우리와 다른, 우리보다 나은 삶을 살아갈 희망이 있는 존재였습니다. 그리고 아이는 근본적으로 선하다고 생각했습니다. 이것은 온순한 아이와 쌓은 좋은 경험만을 생각했기 때문입니다. 반교육주의 이론가들이 아이의 특성을 대표하는 인물로 내세운 것은 바로 지혜로운 아이 '모모'였습니다. "태어난 순간부터 존경받을 만한 자율성을 발휘하는 아이들이 자신들의 삶을 어떻게 꾸려나가는지 관찰하는 것은 정말 특별한 즐거움이다. 만약 그들의 발달 과정이 정말 무계획적으로 흘러가 인생의 빈 공간을 가득 채운다면

---

* 헤르베르트 그뢰네마이어(Herbert Grönemeyer, 1956~) 독일의 영화배우이자 가수로, 영화 〈U보트〉에도 출연했으며 2006년 독일 월드컵 주제가를 불렀다. ─옮긴이

우리는 그들로부터 무한히 많은 것을 배울 수 있을 것이다. 우정, 지혜, 용기, 삶의 기술 그리고 인간적인 참여 활동 등에 대하여."*

이것이 반교육주의 이론가들이 상상하는 아이와 더불어 살아가는 선한 삶의 모습입니다. 나는 그들의 관점을 완전히 순진무구한 발상이라고 생각하지는 않습니다. 왜냐하면 나 역시 아이에게서 많은 것을 배웠기 때문입니다. 어떤 때는 아이가 내게 자제와 자기 극복에 대한 교훈을 준 적도 있습니다. 또 어떤 때는 동정심이 무엇인지 가르쳐주기도 했습니다. '어린것이 얼마나 먹고 싶을까? 좀 먹여야겠네', '어린것이 뭘 알겠어. 그냥 내버려둬야지' 같은 동정심 말입니다. 그러나 이런 동정심 때문에 아이에게 필요한 기본적인 교육을 하지 않은 채 아이가 선하게 자라날 거라고만 믿는다면, 그때는 정말 반교육주의 이론가들의 주장이 순진무구한 발상이 될 것입니다. 하지만 그들은 모든 철학적, 종교적 전통에서 나이 들어 삶의 연륜을 통해 얻어진다고 보는 현명함이 아이에게 이미 있다고 보았습니다. 바로 이 점이 지난 세기와 현대 교육관의 차이입니다. 지난 세기에는 아이가 스스로 올곧게 자라날 능력이 없다고 믿었습니다. 반면에 현대에는 아이의 자발성과 현명함을 지나치게 믿고 있습니다.

그러나 아이들의 거칠고 무례한 태도, 지나친 이기주의, 세상에 대

* 에케하르트 폰 브라운뮐, 《반교육학》

한 냉소가 심각해진 오늘날, 반교육주의 이론가들의 '아동 친화론'은 무색해졌습니다. 왜냐하면 현실의 모습은 그렇지 않기 때문입니다. 우리는 경험을 통해 아이에게는 사회적 환경을 자신에게 복속시키고 자신의 희망을 현실로 만드는 능력이 있다는 것을 알게 되었습니다. 그 능력은 동화 같은 환상의 세계를 현실 세계에 펼쳐놓습니다. 그 세계에서는 위가 아래이고 아래가 위이며, 오른쪽이 왼쪽이고 왼쪽이 오른쪽입니다. 그리고 해야 할 일과 하지 말아야 할 일을 아이가 결정합니다. 아스트리트 폰 프리젠은 이렇게 말했습니다. "아침을 달라는 아이의 희망이 그날의 명령이다." 어른들이 명령을 따르지 않으면 아이는 슈퍼맨이 되어 온 집 안을 순식간에 아수라장으로 만들어버립니다. 마치 작은 테러리스트가 휩쓸고 지나간 것처럼. 그사이 작은 발의 혁명 세력이 권력을 거머쥐게 됩니다. 그러나 어른들은 그것도 모른 채 위대한 해방으로 가는 마지막 길목에서 여전히 기뻐하고 있습니다.

가족 안에서 부모와 자식의 관계가 대대적으로 변했다는 사실을 알려주는 결정적인 이야기가 있습니다. 페트라 게르스터와 크리스티안 뉘른베르거가 전해준 이야기입니다.

"아이가 오후에 스포츠클럽에서 주최하는 행사를 즐기는 동안 엄마는 무더위 속에서 몇 시간 동안이나 여덟 살짜리 아들이 운동하는

• 아스트리트 폰 프리젠, 《돈은 아무런 역할을 하지 않는다》

모습을 지켜보고 있었다. 행사가 거의 끝나갈 무렵 엄마가 아이에게 말했다. '엄마가 너무 배고프고 피곤하니까 이제 그만 집에 가자.' 이 말을 들은 순간 갑자기 아이는 고래고래 소리를 지르며 엄마에게 욕설을 퍼부었다. 아이는 더 있다 가자고 떼를 썼다. 그러고는 엄마를 발로 찼다. 그러나 엄마는 가만히 서 있기만 할 뿐 아무런 대응도 하지 않았다. 왜 엄마는 자신을 방어하지 않았을까? 왜 아이의 행동을 제지하지 않았을까? 어떻게 자식이 발로 걷어차는 상황까지 오도록 그 부모는 아이를 가만히 내버려뒀을까?"[*]

이 이야기로 확실해진 것은 이런 문제에 더는 옛날 방식이 통하지 않는다는 것입니다. 즉, 아이에게 부모를 존경하고 부모에게 순종하라는 도덕적 의무를 강요하는 것으로는 전혀 문제 해결이 되지 않는다는 것입니다. 그럼, 이 엄마는 어떻게 해야 했을까요? 아마도 이 엄마는 가능한 한 어떤 권위도 내세우지 않겠다는 각오로 아이를 키워왔을 것입니다. 전 세계가 현대의 부모에게 기대하고 있는 것을 온몸으로 실천하려 노력했을 것입니다. 자신의 요구는 최대한 자제하고 아이의 자발성과 의지, 희망만을 존중하면서 말입니다. 아마도

[*] 페트라 게르스터(Petra Gerster, 1955~)&크리스티안 뉘른베르거(Christian Nürnberger, 1951~), 《교육의 비상사태》
두 사람은 언론인 출신 부부로, 남편 페트라 게르스터는 독일 ZDF 방송국 뉴스 '오늘'의 아나운서이다. 아내 크리스티안 뉘르베르거는 독일 신문 《쥐트도이체 차이퉁》과 《차이트》 신문기자이다. 두 사람은 교육 문제에 대해 함께 집필을 했고, 주요 저서에 《교육의 비상사태》 등이 있다. ― 옮긴이

이 엄마는 시중에 나온 교육 서적을 읽고 그 모든 충고를 실천하고
자 부단히 애썼을 것입니다.

이런 이야기를 100년 전 사람들이 들었다면 고개를 절레절레 흔들
었을 것입니다. "세상에, 어떻게 그런 일이! 자식이 부모를 발로 차
다니! 이제 그만 집에 가자는 부모 말을 따르지도 않고 자신이 원하
는 것을 들어주지 않는다고 소리를 지르고 주먹을 휘두르다니!" 그
러나 상황은 이제 완전히 변했습니다. 이 엄마가 겪은 일은 현대 사
회의 모습을 대변하는 것입니다. 위계질서가 해체되고 전통이 무
너지면서 예전에 통용되던 방식은 이제 그 효력을 상실했습니
다. 그 결과, 예전의 방식으로 어느 정도 해결되었던 문제들이
현대에 다시 출몰하게 되었습니다. 이것이 오늘날 부모들이
처한 상황입니다. 이제 우리는 믿고 따를 만한 규칙도, 정착된
전통도 없이 스스로 알아서 아이를 교육해야 합니다.

현대에 와서 과거의 모든 것이 해체되는 현상에 대해 많은 사람들
이 고민하고 있습니다. 물론 이런 고민은 교육계에서도 발견됩니다.
그 예로 몇 년 전 보토 슈트라우스 가 《슈피겔》에 게재한 수필이 있
었습니다. 이 수필은 발표 당시 격렬한 논쟁을 불러일으켰습니다.

* 보토 슈트라우스(Botho Strauss, 1944~) 현대 독일어권 문학을 대표하는 작가로 현
재 독일에서 가장 많은 공연을 올리는 극작가이다. 1989년 게오르크 뷔히너 상을
수상했다. 주요 작품으로 《우울증 환자》 《재회의 삼부작》 《젊은 남자》 《마지막 합
창》 《이타카》 등이 있다. ─ 옮긴이

슈트라우스는 〈불어나는 풍자극〉이라는 수필에서 현대의 교육 상황을 이렇게 묘사했습니다. "권위, 가르침, 엄격한 자기 단련은 (……) 아이들에게 더 일찍, 더 쉽게 해방의 순간을 맛보게 해주었다."

이 말의 의미는 이렇습니다. 처음에 아이는 권위와 가르침을 통해 규칙을 배우고 익히면서 자기를 단련해나갑니다. 그런 다음 자기 단련에 익숙해지면 스스로 규칙을 습득합니다. 그러면서 마침내 자신이 스스로 규율을 만들어가는 단계에 이르게 됩니다. 그리고 이 단계에 이르면 아이는 이제 필요 없어진 권위와 가르침으로부터 해방됩니다. 결국 초기의 권위적인 교육 방식이 오히려 아이를 더 일찍, 더 쉽게 독립적이고 자발적인 길로 들어서게 한다는 것입니다. 그런데 바로 다음에 이어진 문장이 비평가들을 흥분의 도가니로 몰아넣었습니다. "지배적이지 않은, 그리고 저항이 없는 교육은 누구에게도 이롭지 않다. 그런 교육은 어른들의 무관심을 증대시키고 아이들을 따분하게 만들 뿐이다."

이 수필에는 저물어가는 20세기의 모습을 해명하면서 동시에 지난 세기의 엄격한 교육을 연상시키는 단어가 함축되어 있습니다. 그 단어는 현대의 어느 누구도 감히 입에 올리지 못할 단어입니다. 권위라니! 슈트라우스는 이 두 문장으로 대중과 비평가들로부터 엄청난 비난을 받아야 했습니다. 왜냐하면 그는 현대의 모든 사람들이 알고 있는 신성불가침 지역으로 당당히 걸어 들어가 현대인의 믿음을 무참히 짓밟아버리는 발언을 했기 때문입니다. 즉, 현대의 시대정신이 모든 부모와 교육자들에게 요구하는 "교육하라. 그러나 군림하지 마라!"라는 믿음을 깨버린 것입니다. 많은 사람들이 그의 주장을 받아들이기 어려웠습니다. 그도 그럴 것이 나라 안팎의 모든 사람이 그와 정반대의 것을 믿고 있었기 때문입니다. 심지어 그는 과거의 검은 권력과 손을 잡았다는 의혹까지 받았습니다. 그러나 슈트라우스는 단지 현대의 교육 실태를 숨기지 않고 솔직하게 말했을 뿐입니다.[*]

이제 마침표를 찍어야 할 것 같습니다. 내가 끝이 보이지 않는 비평의 소용돌이에 휘말려 들었던 것 같습니다. 그러나 꼬리에 꼬리를 무는 비평의 끝에는 언제나 나만의 자유로운 생각이 펼쳐지며 내 생각을 믿을 수 있는 용기가 생겨납니다. 칸트가 말했습니다. "만약 부모가 아이의 의지와 희망대로 행동한다면, 만약 부모가 아이가 원하는 것을 다 들어주고 아이의 의지가 그릇된 방향으로 자라는 것을 방관한다면, 아이는 결코 올곧게 자라지 못할 것이다."

별 문제가 없어 보이는 말입니다. 그러나 바로 여기에 부모인 우리를 불안하게 하고 잠 못 이루게 만드는 문제점이 숨어 있습니다. 나와 함께 비평의 소용돌이에 휘말려 들어갔던 독자들이라면 나와 똑

[*] 볼프강 펠처, 《의혹》

같은 문제점을 느낄 것입니다. 그것은 이처럼 상반된 두 입장 사이에서 우리가 어떤 일을 어디서부터 어떻게 시작해야 할지 모른다는 사실입니다. 이런 불확실성 때문에 우리는 항상 불안하고 '혹시 내가 아이를 잘못 교육하고 있는 것은 아닐까?'라는 두려움을 갖게 됩니다. 우리는 아이에게 명령하고 지시하는 감독자가 되고 싶지 않습니다. 하지만 아이의 그릇된 행동을 수수방관할 수는 없습니다. 우리는 자라나는 아이의 자율성을 꺾고 싶지 않습니다. 하지만 아이에게는 안내자가 필요합니다. 그렇다면 우리는 아이를 어떻게 교육해야 할까요?

교육에서 이러한 상황은 사회 전체적인 현상과도 맥을 같이합니다. 현대 사회에서는 삶의 근본적인 물음에 대해 어느 누구도 명확한 답을 주지 못합니다. 모든 것이 불확실한 상태에서 우리는 쉽게 행동할 수 없습니다. 우리가 진정으로 아이에게 바라는 것은 무엇일까? 과연 우리는 어떤 삶이 행복한 삶인지 알고 있는 걸까? 그리고 이런 질문의 답을 얻는 게 일상의 삶을 살아가는 데 정말 중요할까? 정신없이 돌아가는 일상 속에서 진정 중요한 것을 깨달을 기회가 있기는 할까? 그렇다면 진정 중요한 것은 무엇일까? 아이의 건강? 내 아이가 남보다 앞서가는 것? 사회적으로 성공하는 것? 직업 시장의 틈새를 공략하는 것? 아니면 양심적인 인간으로 자라나는 것? 자신을 존중하며 다른 사람 앞에서도 당당한 사람이 되는 것? 몽테뉴도 이런 물음을 자신에게 던진 적이 있습니다. "인생의 여정에 필요한 노잣돈은 무엇이며 최종 목적지는 어디인가?"

이 모든 것은 그저 물음에 그칠 뿐입니다. 어느 누구도 답을 얻지 못합니다. 칸트마저도 수많은 의문을 제시하는 간결한 문장만을 남겼을 뿐입니다. "일반적으로 부모는 아이를 현재 살아가는 세계에 맞도록 교육할 뿐이다. 그 세계가 비록 부패한 세계일지라도." 칸트에게 교육은 아이를 세상에 적응하게 하는 것이었습니다. 그러나 아이가 부패한 세계에 적응해야 한다면 아이는 잘못된 가치관을 받아들이게 될 것입니다. 이것은 부모로서 수용하기 어려운 교육관입니다. 세상이 부패했다면 부모는 아이에게 스스로 가치관을 발견하고 비판할 줄 아는 능력을 길러주어야 하지 않을까요?

지금까지 우리는 두 가지 상반된 입장과 견해, 현대의 교육 실태를 살펴보았습니다. 아울러 오늘날 부모들이 처한 상황도 알게 되었습니다. 우리의 입장은 아이의 자율성과 창의성을 보장하면서도 아이가 올곧게 자라도록 교육하는 것입니다. 그러나 어떤 이론도 이런 새로운 교육 방법을 우리에게 제시해주지 않습니다. 또한 현대의 '새로운 아이들'에게는 예전과 같은 권위나 부모에 대한 순종이 통하지도 않습니다.

내가 이런 끝없는 비평의 소용돌이와 해답 없는 질문에서 헤매고 있을 때, 내게 도약의 계기가 되어준 것은 바로 내 아이였습니다. 나는 아이의 삶에 대한 의욕, 지적 호기심, 수많은 질문, 밝은 태양 아래 살고자 하는 열망을 보면서 걱정과 근심에서 벗어났습니다. 그리고 아이를 다루는 데 있어서 골치 아픈 문제들과 결별하게 되었고, 비평의 세계에서도 빠져나오게 되었습니다. 나는 여기서 아이가 내게 해준 역할을 낭만적으로 묘사할 의도는 없습니다. 그러나 아이와 함께하는 사람이라면 인생이 따스한 봄날의 산책과도 같다는 것을 알고 있을 것입니다.

내가 직접 아이를 다루면서부터 교육에 대한 상(像)이 그려지기 시작했습니다. 그것은 많은 비평가들이 주목했던, 그러나 현대의 교육관과는 거리가 먼 것이었습니다. 그것은 바로 아이의 그릇된 행동을 바르게 고쳐주는 것이었습니다. "이미 수천 번 이야기했지. 그거 내려놓으라고! 다시 한 번 말하는데, 그거 내려놔! 마지막으로 말하는 거야, 어서!" 교육의 현실은 이런 문장으로 가득했습니다. 그러나 나는 이런 현실을 받아들였고 똑같은 문장을 수도 없이 반복했습니다. 그리고 마지막에는 마치 유언을 남기듯이 비장하게 말했습니다. "마지막이라고 했지!"

이런 일련의 경험들을 통해 최종적으로 깨달은 것이 있습니다. 그것은 비평 섞인 잔소리와 위에서 아래로 내리누르는 듯한 말투는 전혀 도움이 안 된다는 것입니다. 요즘 아이들은 이것을 자신의 인생에 부모가 개입하는 것으로 생각합니다. 그리고 (예전과 달리) 이런 말에 순순히 응하지도 않습니다. 오히려 반기를 들고 부모와 장기전을 벌입니다. 부모가 지쳐서 항복을 하고 원하는 것을 들어줄 때까지 말입니다.

내가 보기에 교육은 가정에 호의적인 분위기가 감돌 때 성공할 수 있는 것 같습니다. 호의적인 분위기의 교육이란 부모가 말을 아끼는 교육입니다. 호의적인 부모는 아이에게 '이거 해라 저거 해라' 지시하지 않습니다. 아이의 행동에 일일이 간섭하지도 않습니다. 최대한 아이가 스스로 알아서 하도록 내버려둡니다. 그리고 아이의 행동을 옆에서 묵묵히 지켜봅니다. 그러다가 정말 그릇된 행동이 나타나거나 도가 지나친 행동을 하면, 그때 적극적으로 개입해서 영향력을 발휘합니다. 여기서 중요한 것은 한 번 따끔하게 혼을 낸 다음에는 다시 평상시와 같은 태도를 유지해야 한다는 것입니다. 같은 말을 여러 번 반복하거나 장시간 화를 내면 아이는 부모가 자기를 생각해서 하는 말이라는 것을 깨닫지 못합니다. 오히려 자기가 미워서 그런다고 생각합니다. 그래서 부모 말을 받아들이지 않게 됩니다.

'호의'란 본래 다른 사람에게 베푸는 것입니다. 우리는 보통 누군가에게 호의를 베풀면서 뭔가를 되돌려 받기를 기대하지는 않습니다. 그와 마찬가지로 호의적인 분위기의 교육이란 부모가 아이의 '홀로 서기'를 보조해줄 뿐 어떤 특별한 성과나 행동을 기대하지 않는 것입니다. 하지만 우리가 아이를 보조해주면서 정말 내심 아무 기대도 하지 않을 수 있을까요? "나는 네가 이러이러한 사람이 되었으면 좋겠어." "나는 네가 ○○을 공부해서 ○○하는 사람이 되었으면 좋겠어." "나는 네가 ○○은 안 했으면 좋겠어." 대부분의 부모들은 '나는 우리 아이가 이렇게 되었으면 좋겠다'라는 틀을 무의식중에 갖고 있습니다. 그리고 아이가 그렇게 되기를 기대합니다. 그러나 부모가 자신의 틀에 맞춰 아이에게 특별한 성과나 행동을 기대하면, 아이가 스스로 자신의 삶을 펼쳐나가는 것을 조금 떨어져서 느긋하게 지켜볼 수 없게 됩니다. 아이의 행동을 일일이 간섭하고, 개입하고, 제약하게 됩니다. 호의적인 분위기의 교육을 위해서는 아이를 자신의 틀에 맞춰 키우려는 태도부터 버려야 합니다.

내게 선생님 한 분이 있었습니다. 그 선생님은 재미있는 사투리로 우리와 이야기를 나누었고 유머가 넘쳤습니다. 그런데 말투는 좀 거친 편이었습니다. 이해력이 더딘 아이에게 "이런 닭대가리!"라고 말하기도 했으니까요. 흥분하여 고래고래 소리 지르며 욕설을 퍼부을 때는 마치 천둥번개 같았습니다. 하지만 우리는 그 선생님을 좋아했습니다. 아니, 사랑했다는 편이 더 맞을 겁니다. 그분은 우리의 선생님이었고, 우리는 선생님이 무슨 말을 하든 어떤 행동을 하든 항상 우리를 생각해서 그런다는 것을 알고 있었으니까요. 국어, 영어, 음악, 미술 등 가르치는 과목은 많았지만, 선생님은 언제나 우리를 먼저 생각해주었습니다. 선생님은 단 한 번도 우리에게 "나는 너희가 ○○을 하면 참 자랑스러울 거다"라거나 "너희를 사랑한다"라고 직접적으로 말한 적이 없었습니다. 우리의 행동에 일일이 간섭하지도 않았습니다. 대신에 맘껏 뛰노는 우리를 항상 묵묵히 지켜봐주었습니다. 그래서 우리는 선생님께 사랑과 관심을 받고 있다고 느꼈습니다. 물론 천둥번개 같은 불호령이 떨어지는 날도 있었습니다. 하지만 다음 날이면 언제 그랬느냐는 듯이 다시 평온한 분위기로 돌아왔습니다.

호의는 희미한 일상을 밝혀주는 한 줄기 빛과 같습니다. 호의는 또렷한 신호를 보내옵니다. 그리고 우리 모두에게는 그 신호를 감지할 수 있는 안테나가 있습니다. 물론 아이에게도 있습니다. 그러나 여기서 부모들이 갖는 의문은 '아이가 하는 행동을 느긋하게 바라보는 게 과연 가능한가?'입니다. 이것은 부모가 아이를 정해놓은 틀에 맞추지 않고, 아이에게 특별한 성과나 행동을 기대하지 않으며, 아이를 있는 그대로 인정하고 존중할 때 가능합니다. 그리고 아이를 깨지기 쉬운 유리 인형이 아니라 살아 있는 하나의 독립된 존재로 바라볼 때 가능합니다.

호의적인 부모는 아이를 아직 세상에 미숙한 존재라고, 불완전한 존재라고, 모든 것을 믿고 맡길 수 없는 존재라고, 항상 불안한 존재라고 생각하지 않습니다. 아이가 자신의 딸과 아들이기 이전에 스스로의 삶을 펼치기 위해 이 세상에 온 존재라는 것을 먼저 생각합니다. 그리고 아이를 완전히 다른 눈으로 바라봅니다. 피와 살이 있는 한 인간으로, 유리 인형이 아닌 살아 있는 한 인간으로, 기쁨과 고통을 느낄 줄 알고 세상으로 나가고 싶어 하는 한 인간으로 말입니다.

야누시 코르착은 《아이들이 존중받을 권리》에서 이렇게 말했습니다. "어른들은 아이를 미숙한 존재라고 보면서 아이에게서 많은 권리를 박탈하고 있다." 어른들은 아이가 잘못되면 어쩌나, 어긋나면 어쩌나, 실패하면 어쩌나 하는 두려움 때문에 조금이라도 위험한 것은 모조리 아이의 눈앞에서 없애버리거나 심지어는 모든 것을 대신해주기까지 합니다. 결국 아이는 무엇을 해볼 만한 기회를 박탈당하는 셈입니다. 코르착은 이러한 어른들의 행위가 아이의 권리를 빼앗는 것이라고 했습니다. 또한 아이의 미래에 대한 걱정과 근심 때문에 아이의 현재를 희생시키는 교육은 아이에게서 어린 시절을 누릴 권리를 박탈하는 것이라고 했습니다. 마지막으로 코르착은 '있는 그대로 존재할 수 있는 권리'를 언급했습니다. 즉, 부모는 자신의 틀에 아이를 맞추려 하지 말고 아이가 천성적으로 타고난 성격, 소질, 능력을 있는 그대로 존중해야 한다는 것입니다.

페터 한트케의 《아이들 이야기》에는 한 아버지가 등장합니다. 책에 따르면 그 아버지는 어떤 '사실'을 받아들이게 됩니다. "특별한 어떤 것도 없이 단지 아이라는 사실이 쾌활함을 발산한다." 신나게 뛰어노는 아이들, 그들의 수많은 질문과 세상에 대한 호기심, 세상 밖으로 나가고자 하는 열망……. 이런 것에 흠뻑 젖어 사는 법을 배운 사람은 어느 순간 들이닥칠지 모르는 문제에 대한 걱정에서 어느 정도 벗어나게 됩니다. 미숙한 아이에 대한 불안감보다 아이가 스스로 자신의 삶을 자유롭게 펼쳐나가는 모습을 먼저 생각하기 때문입니다.

하지만 냉소적인 사람들은 이 말을 비웃을 것입니다. 그들에게 '아이'가 의미하는 것은 단지 인간 역사의 연장이자, 좋은 점이라고는 찾아볼 수 없는 세대의 대물림일 뿐이니까요. 냉소적인 사람들이 바라보는 '아이라는 사실'은 상당히 현실적인 것입니다. 그들에게 아이란 자기 몸도 추스르지 못하고, 바지에 오줌이나 싸고, 목청이 터져라 울어대기만 하는 끔찍한 존재일 뿐입니다. 인간의 추악한 면을 잘 묘사했던 고대의 한 냉소주의자는 이렇게 말했습니다. "세상에 끔찍한 것은 많지만 인간보다 더 끔찍한 것은 없다네."*

물론 아이가 늘 밝고 쾌활한 존재는 아닙니다. 끔찍한 면도 있습니다. 날마다 벌이는 소란과 말썽, 부모의 걱정과 근심을 끊임없이 자아내게 하는 행동……. 한시도 마음을 놓을 수가 없습니다. 그렇지만 아이의 쾌활함이 부모에게 전해주는 행복감은 결코 무시할 수 없는 것입니다. 이 행복감을 아는 사람은 아이를 둘러싼 모든 걱정과 근심, 아이가 일으키는 온갖 문제를 먼저 생각하지 않습니다. 이 행복감을

---

* 소포클레스(Sophokles, BC 496~BC 406), 《안티고네》
고대 그리스 3대 비극 시인의 한 사람으로, 123편의 작품을 썼고 비극 경연 대회에서 18회나 우승했다. 주요 작품으로 《아이아스》《안티고네》《오이디푸스 왕》《엘렉트라》 등이 있다. ─ 옮긴이

아는 사람은 신나게 뛰어노는 아이의 모습을 흐뭇하게 바라봅니다. 그리고 아이가 하는 행동을 조금 떨어져서 느긋하게 바라봅니다.

만약 이게 가능하다면 호의적인 교육에 대해 더는 의심을 품을 이유는 없을 것 같습니다. 호의적인 교육! 아빠는 동료로서, 엄마는 좋은 친구로서. 이런 분위기 속에서 아이는 자유롭게 자신을 펼쳐나갈 권리를 행사하며 자라납니다. 호의적인 교육에서 부모가 하는 역할은 '선한 목자'입니다. 들판에서 자유롭게 뛰어노는 양들을 느긋하게 바라보면서 무리에서 너무 멀리 이탈하지 않을 정도로만 보살피는 선한 목자 말입니다.

그러나 문제는 '아이의 인생에 언제 개입해야 하는가?'입니다. 솔직히 나는 다툼 없는 화목한 가정을 꾸려나가기 위해 이해심만을 발휘해야 하는 일과는 결코 친해질 수 없었습니다. 그건 갈등과 언쟁, 전쟁이 난무하는데 힌두교의 신비주의자처럼 자비로운 웃음을 지으며 돌아설 수 없었기 때문입니다. 물론 나는 갈등 없는 화목한 가정을 만드는 데 반대하지 않습니다. 언제나 이해심 많고 아량이 넓으며 호의적인 부모가 되는 것은 정말 좋은 생각입니다. 다만 여기서 생각해야 할 것은 모든 공동체에는 항상 갈등이 있게 마련이라는 사실입니다. 아무리 작은 공동체라 할지라도 말입니다. 갈등 없는 가족은 무덤 같은 사회입니다. 서로 이야기 나눌 것 하나 없이 오직 싸늘한 침묵만이 존재하는 무덤 말입니다.

중요한 것은 갈등을 다루는 방법입니다. 갈등을 해결하는 일반적인 방법은 자신의 입장만을 고집하지 않고 상대방을 존중하며 상대방의 입장에서 생각해보는 것입니다. 아이는 존중받을 권리가 있습니다. 그러나 아이는 어떻게 자기 자신과 부모와 다른 사람을 존중하게 될까요? 정말 아이가 스스로 존중을 배울 수 있을까요? 반교육주의 이론가들이 주장하는 것처럼 아이가 혼자 힘으로 유아기적 이기주의에서 벗어나 자신이 아닌 다른 사람의 입장에서 생각해보는 능력을 키울 수 있을까요? 우리 모두가 알다시피 존중의 전제 조건은 이기주의를 극복하는 것이니까요. 그러나 경험이 우리에게 가르쳐준 바로는 존중으로 가는 길은 멀고 험하며, 부모의 도움과 안내의 손길 없이 아이 혼자서는 그 길을 가지 못한다는 것입니다.

한 아이가 엄마에게 욕을 했습니다. 그러나 엄마는 아이에게 아무런 대응도 하지 않았습니다. 물론 이 욕설은 엄마가 세상에서 처음 들어본, 전혀 모욕적이지 않은 욕설이었을 것입니다. 그러나 그 순간 아이는 도덕적 황폐의 길로 들어섰습니다. 존중으로 가는 길은 멀고 험하지만, 도덕적 황폐로 가는 길은 짧고 한순간입니다. 만약 이런 상황에서 아빠 역시 아무런 반응도 보이지 않고 갈등에 개입하지도 않으며 그저 무관심한 태도를 취한다면, 아이는 자신이 방금 한 욕에 대해 교훈을 얻지 못할 것입니다. 욕이라는 것이 상대방을 얼마나 모욕하는 것인지를 말입니다. 그리고 아이는 그런 욕을 또다시 하게 될 것입니다.

한 아이가 주먹을 휘두르며 엄마를 때렸습니다. 그러나 엄마는 때리는 매를 맞고만 있었습니다. 아빠도 그저 침묵만 지키고 있었습니다. 어쩌면 그런 공격적인 행동을 하는 이유와 배경에 대해 곰곰이 생각하고 있었는지도 모릅니다. 그러나 그 순간 아이는 자신의 그릇된 행동을 반성할 기회를 잃어버렸습니다. 우리는 아이를 교육하는 부모로서 어쩔 수 없이 아이의 행동을 평가해야만 합니다. 만약 평가하지 않고 아이와 갈등을 피하려고만 하고 필요한 경우에도 단호한 태도를 취하지 않는다면, 반교육주의 이론가들이 원했던 대로 아이가 권력을 잡게 될 것입니다.

이런 분위기 속에서는 서로 조화롭게 갈등을 풀어가기가 불가능합니다. 갈등을 해결하려면 아이가 먼저 유아기적 이기주의에서 벗어나 자신과 부모, 다른 사람을 존중할 줄 알아야 합니다. 또한 부모는 아이에게 존중을 가르치기 위해 아이의 인생에 적극적으로 개입하여 부모의 위엄을 과시할 필요가 있습니다. 위의 사례처럼 아이가 도가 지나친 행동을 하는 경우에 말입니다. 그리고 그 때문에 권위주의적 교육을 반대하는 사람들이 비난을 하더라도 참아야 합니다. 경험상 그런 비난에 대해 내가 말할 수 있는 것은 "차라리 비난받는 삶이 아이가 군림하는 전제 정치 밑에서 사는 것보다 훨씬 낫다"는 것입니다.

나는 아이의 이기주의를 도덕적인 기준만 가지고 나쁘게 말하고 싶지 않습니다. 아이의 이기주의는 어쩌면 당연한 것이기 때문입니다

다. 이기주의는 물론 형태는 다르지만 어른들의 삶에서도 나타납니다. 그런 점에서 알리스 밀러*의 말이 옳은 것 같습니다. "아이는 자신의 이기주의를 맘껏 표출할 수 있는 시기를 한 번은 거쳐야 한다." 이 말은 물론 신생아 때를 염두에 두고 한 말입니다. 그런데 문제는 언제 이 시기가 끝나느냐 하는 것입니다. 이기주의를 아이의 자연스러운 본능이 아니라 극복해야 할 대상으로 보아야 할 시기는 언제일까요?

"나는 ○○을 원해요!" 이 문장은 이기주의를 대표하는 가장 간단한 문장입니다. 출생 시 아이에게는 자아가 없습니다. 엄마와 일차적 애착 관계를 형성하면서 자신과 엄마를 동일시합니다. 이 시기에 엄마의 자아와 아이의 자아는 하나입니다. 하지만 두 번째 탯줄을 자르면서부터 아이에게는 '너'와 '나'라는 개념이 어렴풋이 생겨나기 시작합니다. 그리고 자신을 엄마에게서 서서히 분리합니다. 그런데 이 시기에도 부모가 계속해서 아이에게 초기 유아기 때처럼 맹목적인 사랑을 퍼붓는다면, 아이는 자신을 세상에서 최고라고 여기게 됩니다. 다른 사람들도 부모처럼 자신을 떠받들어야 하며 다른 사람도 욕구와 견해, 소망을 가진 존재라는 것을 배우지 못하게 됩니다. 이렇게 아이의 정신적 성장 과정이 유

---

* 알리스 밀러(Alice Miller, 1923~2010) 폴란드 혈통의 스위스 작가이자 심리학자로, 어린 시절의 경험이 무의식적으로 성인의 인격 형성에 미치는 영향을 연구했다. 주요 저서로 《재능 있는 아이들의 비극》《처음에는 교육이었다》 등이 있다. — 옮긴이

아기적 이기주의에 머물게 되면 아이는 순간적인 충동을 참지 못하게 됩니다. 순간적으로 하고 싶은 것, 순간적으로 갖고 싶은 것, 순간적으로 먹고 싶은 것 등 자신의 모든 순간적인 욕구와 희망은 '지금 당장 무조건' 성취되어야만 합니다. 누구의 말도 듣지 않고 어떤 상황도 고려하지 않습니다.

교육에 대해 생각하다 보면 종종 두려움이 사고의 맥을 이루게 됩니다. 그것은 이기주의에 대한 두려움, 우리 안에 잠재된 동물적인 본능에 대한 두려움, 공격적이고 탐욕스럽고 잔인한 인간 존재에 대한 두려움입니다. 이러한 두려움은 인간 역사의 발자취를 보면 잘 나타납니다. 그리고 지난 역사가 말해주듯이 인간은 앞으로도 계속 그런 역사를 써나갈 것입니다. 아이는 아직 사회적으로 길들여지지 않은 야생마입니다. 아이는 아직 규칙이나 한계, 타인의 권리를 모릅니다. 아이는 아직 사회적 요구, 요청, 구속의 손길이 닿지 않은 원시림 그대로의 상태입니다. 백지로서의 아이! 아직 문명의 때가 묻지 않은 백지 상태의 아이 말입니다. 아이는 정말 우리에게 교육에 대한 흥미를 끝없이 불러일으키는 기념비적인 존재인 것 같습니다.

여전히 아이를 순진무구한 존재로만 생각하면서 아이의 이런 본능에 대한 두려움을 진지하게 여기지 않는 사람들이 있습니다. 그러나 이들의 생각은 현실적인 경험을 통해 짓밟힐 가능성이 클 뿐입니다.

왜냐하면 아이는 어른들이 추상적으로 생각하는 것처럼 그렇게 달콤하고 부드럽기만 한 존재가 아니기 때문입니다.

내 생각에 아이를 다룰 때 핵심은 이기주의에 대해 경각심을 가지면서도 이기주의에 대한 두려움에서 벗어나는 것입니다. 어쩌면 이 말이 역설적으로 들릴지도 모르겠습니다. 하지만 아이의 이기주의를 진지하게 받아들이고 동시에 이기주의와 맞닥뜨리는 것을 두려워하지 않는 사람은 상황을 주도하면서 아이를 보다 침착하고 자연스럽게 다룰 수 있습니다.

호의적인 교육을 다짐한 사람에게 가장 혹독한 시련은 극도의 이기주의입니다. 극도의 이기주의와 마주치게 되면 호의적인 교육에 대해 회의가 생기기 때문입니다. 호의라는 게 정말 교육에 유용한지, 아니면 말로만 베풀고 말아야 할지 정말 고민하게 됩니다.

내가 앞서 이야기했던 선생님을 기억할 것입니다. 한번은 이런 일이 있었습니다. 내가 열한 살이나 열두 살 정도였을 때 한 친구와 말다툼을 벌이게 되었습니다. 말다툼 중에 그 친구가 내게 심한 욕을 했습니다. "야, 이 창녀 새끼야!" 나는 이 단어를 당연히 우리 엄마에 대한 모욕으로 받아들였습니다. 나는 분개했습니다. "가만 안둬!" 우리는 아우성치는 반 아이들에 둘러싸여 운동장에서 치고받고 싸웠습니다. 그런데 그 친구는 나보다 덩치가 훨씬 커서 내가 질게 불 보듯 뻔했습니다. 나는 패배자의 절망 속에서 그 친구의 팔을 물어뜯었습니다. 그 친구는 소리를 지르면서 나를 놓아주었고 싸움을 포기했습니다.

물론 이 사나운 광경은 선생님에게 곧 전달되었습니다. 쉬는 시간이 끝나고 수업이 시작되었고, 선생님은 모든 상황을 알고 있었습니다. 하지만 선생님은 아무런 내색도 하지 않았고 마치 아무 일도 없었던 것처럼 수업을 진행했습니다. 그러나 우리는 선생님이 이 난투극을 어떻게 평가했는지 곧 깨닫게 되었습니다. 그리고 그것을 깨달은 순간, 친구에 대한 적대감이 사라지면서 우리는 다시 친구가 되었습니다.

수업 시간이 끝나자, 선생님이 우리 쪽으로 다가왔습니다. 그리고는 우리를 쳐다보며 고개를 설레설레 흔들더니 내게 물었습니다. "그래, 친구 팔이 맛있었니?" 나는 선생님이 무엇을 말하려는 것인지 곧바로 알아차렸습니다. 나는 창피했습니다. 선생님이 건넨 말은 이게 전부였습니다. 하지만 그 단 하나의 질문이 내게는 크게 다가왔습니다. 그리고 이 질문 하나로 나 자신을 선생님의 눈을 통해 바라보게 되었습니다. 그런데 신기한 것은 창피함이 전혀 수치스럽게 느껴지지 않았다는 사실입니다.

선생님은 내 친구에게도 물었습니다. "너, 창녀가 뭔지 아니?" 친구는 말없이 고개를 끄덕였습니다. 그러자 선생님은 "자, 이제 알았으면 그만 사라져!"라고 하면서 우리를 보내주었습니다. 다음 날 우리는 싸웠던 일을 모두 잊었습니다. 선생님이 그 일에 대해 아무 말이 없었고 예전과 똑같이 우리를 대해주었기 때문입니다.

몽테뉴가 말했습니다. "교육은 위대한 예술이다. 영혼의 폭풍우를 잠재우고 열병 같은 굶주림 앞에서도 웃음 짓는 법을 가르치는 예술이다." 이 간결한 문장이 아이의 이기주의를 다루는 올바른 방법을 알려주고 있습니다. 몽테뉴는 순간적인 욕구와 희망을 참지 못하는 아이의 이기적인 충동을 '열병 같은 굶주림'이라고 묘사했습니다. 아이는 자기가 바라는 대로 일이 이루어지지 않거나 원하는 것을 얻지 못하면 엄청난 분노를 토해냅니다. 이런 성난 영혼을 잠재우고 웃음 짓는 법을 가르친다는 것은 아이의 이기적인 충동을 억제하라는 것이 아닙니다. 오히려 교화하고 완화하라는 것입니다. 혹은 변화시킬 수 있다면 더욱 좋습니다. 예를 들어 탐욕을 적당히 즐길 줄 아는 능력으로, 맹목적인 공격을 의식 있고 용기 있는 행동으로, 무작정 울어대는 외침을 이성적인 언어로, 작은 '나'에게 고정된 시각을 공동체라는 넓은 시각으로 말입니다. 물론 이런 변화는 하루아침에 일어나지 않습니다. 오랜, 아주 오랜 과정을 거친 후에야 일어납니다.

이 과제를 성공적으로 수행할 수 있게 부모를 도와주는 교육 계획이나 프로그램 같은 것은 없습니다. 단지 예상치 못했던 아이의 이기주의와 직면했을 때 느긋하게 지켜보던 자세에서 벗어나 아이의 인생에 적극적으로 개입하여 침착하고 자연스럽게 갈등을 풀어가는 게 중요합니다. 토마스 만[*]이 어느 인터뷰에서 이런 말을 했습니다.

"과거를 돌이켜 생각하면, 아니 돌이켜 생각할 필요도 없이 내게는 매순간 과거가 떠오르지만, 항상 눈앞에 아버지의 모습이 아른거립니다. 당시 아버지는 우리와 많이 놀아주지 못했습니다. 물론 가끔은 우리와 함께 재미있고 우스꽝스러운 놀이를 하기는 했습니다. 그러나 그 이상으로 우리에게 많은 시간을 할애할 수 없는 바쁜 사람이었습니다. 그리고 이제는 나 역시 내 아버지와 별다를 바 없이 살고 있습니다. 나는 항상 바쁘다고 느낍니다. 그래서 내 태도와 행동이 아이들에게 남기는 인상과 내 진심 어린 노력을 믿고 살아가는 것 외에는 내가 아이들에게 해줄 수 있는 게 아무것도 없습니다. 그러나 아버지가 보여주는 모범이란……." 토마스 만은 여기서 잠시 말을 중단했습니다.

"……모범이란 구식이라고 해서 나쁘게 평가해서는 안 됩니다. 모범은 가장 중요한 것입니다. 내가 말하는 모범이란 아이에게 영향을 미치는 것은 부모의 긍정적인 가르침이 아니라 집안의 분위기라는 것입니다."

---

[*] 토마스 만(Thomas Mann, 1875~1955) 독일의 평론가이자 소설가로, 1929년 노벨문학상을 수상했다. 주요 작품으로 《부덴브로크가(家)의 사람들》《마의 산》《트리스탄》《베네치아에서의 죽음》《파우스트 박사》 등이 있다. — 옮긴이

모범으로서의 부모란 아이가 본받고 따라 배워야 할 대상으로서의 부모를 의미하는 게 아닙니다. 아이는 부모의 길이 아니라 자신의 길을 걸어갑니다. 그리고 그 길이 아이에게 좋은 길이 될지 나쁜 길이 될지는 인간의 손에 달려 있지 않습니다. 물론 부모의 손에 달려 있지도 않습니다. 토마스 만이 말한 모범으로서의 부모란 이와는 완전히 다른 것입니다. 부모 자신과는 전혀 관계없는 것입니다. 아이는 부모가 삶을 이끌어가는 방법, 부모 자신을 대하는 방법, 아이를 대하는 방법, 직업을 대하는 방법을 그대로 따라가지 않습니다. '어떤 삶이 좋은 삶인가?'에 대한 부모의 인생관을 따라가지도 않습니다. 다만 이런 물음을 가슴속에 간직하고 살아가는 부모의 자세만이 아이에게 깊은 인상을 남길 뿐입니다. 이런 자세만이 집안 분위기를 통해 아이에게 전달될 뿐입니다. 여기에는 갈등을 두려워하지 않는 마음 자세도 포함됩니다. 진정으로 아이를 위해 의식적으로 노력하는 부모라면, 필요한 경우 이성적으로 판단하여 "안 돼!"라고 말할 수 있어야 합니다.

모세는 산에서 돌아와 신의 계명을 돌판에 새겨 넣으라고 지시했습니다. 사람들이 잊어버리지 않게 말입니다. 그중의 한 문장은 교육에 대한 것이었습니다. 내가 보기에 당시의 교육은 오늘날처럼 혼란스럽지 않았던 것 같습니다. "너희 부모를 공경하라. 그래야 너희 주 하느님께서 너희에게 준 땅에서 오래도록 살 것이다."

부모는 아이가 인생에서 최초로 만나는 사람입니다. 아이는 부모에게서 삶을 이끌어간다는 것의 의미를 배우기도 하고, 또 그것을 부모와 함께 배우기도 합니다. 자기 자신과 다른 사람을 존중할 줄 아는 부모는 자신의 아이도 존중을 배우기를 희망합니다. 또한 주변 사람 모두에게 자신만을 존중해달라고 요구하는 아이로 자라나지 않기를 희망합니다. (심리학자들은 이것을 100여 년 동안 '나르시시즘 성격 장애'라는 개념으로 얘기하고 있습니다.) 왜냐하면 존중으로 가는 유일한 길은 자신의 동물적인 본능에서 벗어나 이기주의가 판치는 세상 저편에 놓여 있는 삶에 눈뜨는 것이기 때문입니다.

"우리는 어떻게 교육받았을까?" 나는 이 질문의 주변을 계속 맴돌고 있었다. 그러다가 앞장에서 서술한 "학교는 무엇을 다루는 곳인가?"라는 제목으로 이 질문에 비교적 가까이 다가가게 되었다.

교육과 학교는 서로 공통점이 많지만 또 한편으로는 서로 다르다. 학교는 밖에 있는 것이고, 교육은 내부적인 것으로서 집안일이다. 아이는 많은 것을, 아니 가장 좋은 것을 '부모의 손'을 통해 받을 수 있다. 사실 '부모의 손을 통해'라는 단어는 옳은 단어가 아니다. 부모가 어떤 사람이고, 부모가 어떻게 자신의 존재만으로 아이에게 영향을 미치는지, 그것이 결정적이기 때문이다.

자타가 공인하는 훌륭한 학교와 교육 시설이 있다. 그리고 그곳에서는 개개인의 특성을 고려하여 다방면에 걸쳐 집에서보다 훨씬 뛰어난 교육을 수행한다. 하지만 가장 중요한 곳에서 결점이 나타나고 있다. 그것은 아이가 자신의 특성은 살릴 수 있을지 모르지만 인간적인 면모는 잃어버린다는 점이다.

이 세상에는 의도하지 않았던 것들이 장기간에 걸쳐 소리 없이 영향을 미치면서 아이가 올바른 인간으로 성장할 수 있게 도와주는 것들이 많다. 의무와 명예, 정당성 같은 개념으로 치장한 위대한 미덕의 표본은 무조건 존경받을 만하다. 그리고 누군가에게 큰 감명을 줄 수도 있다. 그러나 그것이 최고는 아니다. 그것에는 인간의 약한 면까지도 감싸주는 사랑과 자비가 결여되어 있기 때문이다. 조금의 실수도 용납하지 않는 그 완벽주의에는 훈훈한 인간미가 결여되어 있다. 인간은 불완전한 존재로서 실수를 하며 살아간다. 이것이 인간다운 것이다.

나는 정말 운이 좋았다. 유년 시절과 청소년 시절을 낯선 교육의 대가(大家) 밑에서—가정교사는 이런 면에서 큰 의미가 없다—보내지 않아서 말이다. 그래서 만약 지금 "우리는 어떻게 교육받았을까?"라는 질문을 또다시 받는다면 나는 이렇게 대답할 수밖에 없다. "우리는 전혀 교육받지 않았다. 탁월하게도!"

사람들이 교육의 질 대신 교육의 양에 역점을 둔다면, 사람들이 교육을 지속적인 관찰과 경고, 개선으로 이해한다면, 사람들이 교육을 정의의 저울로 칭찬과 체벌의 무게를 다는 것으로 이해한다면, 우리는 전혀 교육받지 않았다. 그러나 사람들이 교육을 더는 윤리와 도덕의 좋은 본보기를 보여주는 것으로 이해하지 않는다면, 사람들이 교육을 어린 나무가 올곧게 자라도록 나무 막대에 고정하면서도 가능한 한 순수한 대기 속에서 신선하고 기쁘고 자유롭게 자라도록 해주는 노력으로 이해한다면 우리는 놀라운 교육을 받았다.

내가 이런 교육을 받은 곳은 우리 집이었다. 우리 부모님은 집 안에서 예의범절과 도덕을 중시하지 않으셨다. 물론 두 분은 모두 모범적인 성향을 갖춘 분들이었다. 어머니는 거의 완벽하셨고 아버지는 약간 부족한 부분이 있으셨다. 그러나 아버지는 그 부족함을 통해 모든 인간은 실수를 할 수 있다는 것을 우리에게 완벽하게 가르쳐주셨다.

— 테오도르 폰타네,[*] 《나의 어린 시절》

[*] 테오도르 폰타네(Theodor Fontane, 1819~1898) 독일의 소설가로, 윌리엄 스코트의 역사 소설의 영향을 많이 받았으며 신문 기자로 활동하기도 했다. 주요 작품으로 《마르크 브란덴부르크 기행》 《폭풍 앞에서》 《미로》 《에피 브리스트》 등이 있다. — 옮긴이

6

교양이란 무엇일까?

인간다움에 대하여

"내 유일한 걱정은 아들에게 잠재되어 있는 것을 발굴해내는 거라네.
그리고 아들이 배운 모든 것을 오랜 시간 고민하여 자기 것으로
만들 수 있게 해주는 거지. 우리의 일반적인 교육은 꼭 필요하지도
않은데 아이들을 지나치게 다방면으로 몰아가고 있어.
게다가 문제는 그릇된 방향으로 몰아간다는 거지.
이것은 우리 성인들을 보면 알 수 있지 않은가?"
— 괴테가 아들 아우구스트에 대해 크네벨에게 쓴 편지

지금까지 나는 아이의 탄생, 아이가 부모의 맹목적인 사랑을 필요로 하는 시기, 아이가 부모로부터 서서히 독립하는 시기, 아이를 교육하는 방법 등에 대해 생각해보았습니다. 그렇다면 이것으로 신중하고 다루기 힘든 주제는 다 끝나고 이제부터는 좀 더 편한 마음으로 이야기할 수 있을까요? 이제는 고함 소리와 울음을 생각하지 않아도 될까요? 더는 아이와 다툼도 없을까요? 아무 걱정하지 않아도 아이는 스스로 잘 자랄 수 있을까요?

교양! 서민의 삶과는 거리가 먼 저 높은 곳에서 들려오는 소리 같습니다. 지체 높은 귀족들의 고상한 말투와 몸가짐이 연상됩니다. '교양'이라고 하면 일단 사회적 신분이 높은 사람들을 위한 것 같습니다. 고상한 취미와 기호를 가진 사람들을 위한 것 같습니다. 부족한 것 없이 자라는 저 윗동네 아이들을 위한 것 같습니다. 유치원 → 초등학교 → 김나지움 → 아비투어 → 명문 대학! 한 단계 한 단계 낮은 곳에서 더 높은 곳으로, 마치 학력이 높아질수록 교양도 높아지는 것 같습니다. 하지만 헬무트 슈미트 전 독일 총리는 '교양은 가치 그 자체'라고 했습니다. 즉, 교양이란 세상의 기준으로는 그 가치를 측정할 수 없는 아주 특별한 것이며, 돈이 지배하는 세상과도 거리가 먼 곳에 있다는 뜻입니다.

물론 학력을 높이는 게 곧 교양을 쌓는 거라는 생각은 현실적으로 해롭지 않습니다. 높은 학력을 자랑하는 많은 교양 있는 사람들이 더 나은 일자리와 사회적 신분 상승을 위해서는 높은 학력과 교양이 필요하다고 주장하고 있으니까요. 그러나 이것을 떠나서 교육에서는 인격 형성을 위한 교양 교육도 포함됩니다. 그래서 많이 배운 사람일수록 사람됨의 교양을 갖춰야만 합니다.

얼마 전, 경제인협회에서 발간하는 일간지에 진중하게 생각해볼 기사가 실렸습니다. 그 기사에는 실험실에서 조화를 이루어 열심히 일하는 젊은이들의 사진 위로 '이상적인 수습생'이라는 제목이 큼지막하게 인쇄되어 있었고, 그 밑으로 간결한 문장들이 쭉 나열되어 있었습니다. 그것은 경제인들이 작성한 이상적인 수습생이 갖춰야 할 미덕과 능력의 목록이었습니다.

신뢰
읽기, 쓰기, 탁월한 계산 능력
협동심
업무 대기 자세
공손함과 친절함

책임 의식

자립심

인내와 끈기, 힘든 일을 감당하는 능력

갈등 해소 능력

영어

자연 과학 지식

미디어 활용 능력

나는 여기서 갈등을 느꼈습니다. 곰곰이 생각하기 좋아하는 오랜 철학적 전통에 따라 각 용어의 개념을 한번 진지하게 따지고 넘어가야 할지, 아니면 그냥 넘어가야 할지 선뜻 결정할 수 없었기 때문입니다. 왜냐하면 나는 당연히 이런 결론에 도달할 것이었기 때문입니다. '이윤 추구를 위해 온갖 비행을 저지르는 경제인들이 교양에 대해 뭘 안다는 말인가? 경제 개념으로만 인간을 판단하는 경제계가, 그리고 그 세계에 몸담고 있는 경제인들이 내세우는 인간의 미덕과 능력이라는 게 과연 얼마나 교양적일 수 있을까?' 경제계의 대표들이 인성과 교양 교육에 대해 발언한다면 누구라도 나와 똑같은 반응을 보일 것입니다. 왜냐하면 이는 가족과 학교라는 민감한 영역에 특별히 볼일이 없는 경제인이 무단 침입한 것이기 때문입니다. 하지만 나는 다른 길을 택했습니다. 솔직히 말해서 나는 이 목록에 어느 정도 경의를 표하기까지 했습니다. '이상적인 수습생'이라는 제목을 떼어내고 하나하나의 개념을 살펴보면 상당히 훌륭한 목록이기 때문입니다.

그럼 한번 차분하게 목록을 살펴봅시다. 우리가 아이들에게 바라는 게 이 목록에 정확히 포함되어 있지 않습니까? 우리는 우리 아이들이 무관심하고 무성의한 사람으로 낙인찍히지 않고 신뢰와 인정을 받는 사람이 되기를 원치 않습니까? 우리는 우리 아이들이 작은 난관이나 장애에 쉽게 굴복하지 않고 인내와 끈기로 이겨내는 사람이 되기를 원치 않습니까? 우리는 우리 아이들이 공손하고 친절하게 말하는 법을 배우기를 원치 않습니까? 오늘날 아이들이 불손하고 무례한 말투로 아침 일찍부터 선생님들의 혈압을 오르내리게 한 지 이미 오래되었습니다. 그리고 이제는 어른들까지 아이들의 이런 말투에 익숙해져서 전혀 문제 삼지 않고 있습니다.

만일 '이상적인 수습생'이라는 제목에서 '이상적인'이라는 단어를 지워버린다면 이 목록은 좀 더 현실적인 인생관을 담은 목록이 될 것 같습니다. 우리 인간은 일해야만 합니다. 일하지 않으면 자신과 가족이 먹고살 수 없습니다. 이런 절박한 현실 상황을 극복하기 위해―이건 가장 결정적인 문제입니다―우리가 습득해야 할 태도와 능력이 있습니다. 다시 말해 그것은 우리가 '직업'이라고 부르는 것을 수행하는 데 필요한 덕목입니다.

"너는 종신토록 힘들게 농지를 경작하여 그 소산을 먹으리라. 땅이 네게 가시덤불과 엉겅퀴를 내릴 것이니 너는 밭의 채소를 먹어야 한다. 너의 얼굴에 땀이 흘러야 너는 빵을 씹을 수 있을 것이다."

오래된 창세 신화는 인간의 모습을 먼저 노동자의 모습으로 묘사합니다. 천국에서 차려진 음식만 먹으면서 평생 소비만 하며 사는 인간의 모습은 잠시만 등장할 뿐입니다. 우리는 그냥 먹고만 살 수는 없습니다. 노동이 없으면 우리에게는 아무것도 주어지지 않습니다. 혹은 아주 조금만 주어질 뿐입니다. 우리는 우리가 원하는 것을 힘들게 일해서 얻어야 합니다. 이것이 창세 신화에 나오는 농부가 살아가는 삶의 원칙입니다. 이것은 현대의 과학 기술 생산 업체에서 일하는 사람에게도 마찬가지입니다. 비록 그가 가는 길에는 가시덤불이 없고 옛 조상들과는 다른 분야를 경작하고 있다 해도 말입니다.

하지만 두 사람 모두 생계유지를 위해서는 (적어도) 두 가지 내적 성향을 갖추고 있어야 합니다. 그것은 자신이 원하는 것을 획득할 때까지 장기간의 힘든 노동을 수행하면서 인내심을 발휘하는 것입니다. 즉, 자기 절제와 힘든 일을 감당하는 능력입니다. 이것이 신화에서 말하는 노동하는 인간이 지녀야 할 기본 덕목입니다. 가시덤불에 굴하지 않고, 해야 할 일을 이성적으로 생각해보고, 침착하게 한 고랑 한 고랑 농지를 경작하며 장기간에 걸친 힘든 작업 과정을 기꺼이 이겨내기 위한 덕목 말입니다. 수확물을 거둘 때까지는 오랜, 아주 오랜 시일이 걸리기 때문입니다. 이것은 최초의 인간인 아담의 시대부터 변하지 않고 있습니다. 우리는 그때와 똑같은 상황에 놓여 있습니다. 우리가 아무리 자연을 직접 접하지 않는다고 할지라도 말입니다.

인간의 생존에 필요한 노동의 의미를 어떻게 해석할 것인가 하는 문제는 그 어느 때보다 오늘날 더욱 논란이 되고 있습니다. 노동을 통해 인간은 자연재해를 극복하고 자연의 속박에서 벗어나게 되었는가, 아니면 스스로 세상을 파괴하는 길로 접어들게 되었는가? 인간에게 노동은 축복인가, 저주인가? 인간은 노동으로 물질적 · 정신적 풍요로움을 얻었는가, 아니면 노동의 노예로 전락했는가?

세상에 끔찍한 것은 많지만
인간보다 더 끔찍한 것은 없다네.
인간은 거센 폭풍우 속에서도
아우성치는 파도를 헤치며
잿빛 바다를 건너간다네.
신(神) 중의 신(神)인 대지를
지칠 줄 모르는, 피곤한 줄 모르는 대지를
갈았다 엎었다 그들의 쟁기로 괴롭힌다네.
그것도 해마다.
대지 위의 노새가 농지를 경작한다네.
경솔한 새의 종족은 덫으로 잡고
사나운 동물 종족과 바다의 보고는
가는 실타래를 꼬아 만든 그물로 잡는다네.
영리한 인간이여!
인간은 꾀를 써서
산속에서 사납게 뛰노는 것을

들판에서 빈둥빈둥 배회하는 것을 제압한다네.

수북한 갈기를 힘차게 휘날리는 말과

억제할 줄 모르는 들소를

목에 멍에를 걸어 길들인다네.

인간은 어찌할 바를 모르며

아직 다가오지도 않은 것을 향해 나아간다네.

이것은 고대 그리스의 가장 의미 있는 작품 중 하나인 소포클레스의 《안티고네》에 나오는 시구절입니다. 이 시는 영리한 인간, 노동하는 인간, 거대한 자연의 폭력에 대항하여 승리한 인간의 모습을 칭송하고 있습니다. 동시에 그것이 인간에게 축복인가 저주인가에 대한 물음도 던지고 있습니다. 물론 고대의 이 시인은 자연을 지배한 인간에게 경의를 표하며 인간을 가장 용감한 동물로 묘사합니다. 그러나 시 전편에 흐르는 어조에서는 자연을 지배하는 과정에서 나타난 인간의 폭력성이 암시되어 있습니다.

어쨌든 소포클레스가 추호도 의심하지 않은 것은 노동이야말로 인간의 자기 형성을 위한 첫 번째 발걸음이라는 것입니다. (이 시의 해석은 근대 유럽의 철학적 전통이 되었습니다.) 노동은 인간의 정신을 일깨우고 인간을 자연의 속박에서 벗어나게 했습니다. 노동은 원하는 것을 성취하고자 하는 인간의 열망에서 우러나온 행동 양식이었습니다.

아무런 노력 없이 원하는 것이 당장 성취되기를 기대하는 것은 어린아이의 환상입니다. 아이는 아직 주변 세계와 자신을 분리해서 생각하지 못합니다. 세상의 모든 것이 자기 것이고, 눈앞에 보이는 것은 당장 갖고 싶어 합니다. 아이는 세상이라는 것이 원하는 것을 따먹기만 하면 되는 에덴동산인 줄 알고 있습니다.

인간은 먼저 노동을 통해 자신과 주변 세계를 분리해서 생각하기 시작합니다. 그리고 원하는 것을 무조건 다 가질 수 없다는 것을 깨닫게 됩니다. 원래 인간의 본성은 배고프면 당장 먹어야 하고, 목마르면 당장 마셔야 하며, 가지고 싶은 것은 당장 가져야 합니다. 그와 동시에 쉽고 빠르게 얻은 것에는 그만큼 빨리 싫증을 냅니다. 그래서 원하는 것이 충족되면 금방 또 다른 것을 갖고 싶어 하고, 새로운 것이 충족되면 또 다른 새로운 것을 원합니다.

이런 인간의 본성이 노동을 통해 순화되었습니다. 인간은 자신이 오랜 시간을 들여 힘들게 얻은 것에 대해서는 쉽게 싫증을 내지 않게 되었습니다. 아울러 자신이 원하는 것을 지금 당장 갖고 싶어 하는 충동도 자제하게 되었습니다. 이것이 바로 '자기 절제'입니다. 자기 절제를 배운 사람은 신중하게 생각하고 행동합니다. 자신의 힘을 측정해보고, 자신이 가질 수 있는 것과 가질 수 없는 것을 판단합니다. 그렇지 않다면 그 사람은 원하는 모든 것을 당장 가져야 한다는 아이의 이기주의적 환상 속에서 살아갈 수밖에 없습니다.

머지않아 거대한 직업 세계에 발을 들여놓게 될 수습생들에게 경제인들이 내세운 요구 조건은 적어도 그들이 유아기적 사고방식에서 벗어나 자기 절제와 힘든 일을 감당할 수 있는 능력을 어느 정도 갖추고 있어야 한다는 것입니다. 이것은 너무나 당연한 조건입니다. 그리고 아이는 이 당연한 조건을 직업 세계에 몸담기 이전에 이미 갖추고 있어야 합니다. 어떤 일을 하기로 결정한 사람은 시간 엄수가 무엇인지, 일을 관리한다는 게 무엇인지 알고 있어야 하기 때문입니다. 또한 모든 행동의 적절한 시기를 파악하는 능력도 가지고 있어야 하며 협상이 무엇인지, 자기주장을 철회한다는 것이 무엇인지도 알고 있어야 하기 때문입니다.

이 순간 부모에게 이런 의문이 들지도 모릅니다. 그렇다면 아이는 언제부터 자기 절제와 힘든 일을 감당하는 능력을 배워야 할까? 가능한 한 어렸을 때부터 일찍 직업 세계를 위해 준비해야 할까? 당장 지금부터 미래를 대비해야 할까? 지금 현재 아이가 해야 할 일과 하지 말아야 할 일을 미래에 어떤 의미가 있을지에 따라 결정해야 할까? 그리고 직업 세계에서 살아남을 수 있도록 아이를 교육하는 것이 부모의 책임일까?

아이의 미래를 위해 부모가 아이의 어린 시절을 프로그램화하는 것이 오늘날의 교육 현실입니다. 오늘날의 부모는 아이 인생의 전문 매니저가 되었습니다. 그러나 거꾸로 한번 생각해봅시다. 아이가 10년,

20년 후의 직업 세계에서 살아남기 위해 지금 배우지 않아도 되는 것은 무엇인지를 말입니다. 교육 전문가들은 부모가 미래에 초점을 맞춰 아이의 인생을 계획하는 교육 현실에 대해 경고하고 있습니다. 왜냐하면 그것은 아이의 미래를 위해 아이의 현재를 희생시키는 결과를 가져오기 때문입니다. 그러나 미래는 현재의 결과물입니다. 어린 시절을 희생하고 얻은 미래가 과연 얼마나 행복할 수 있을까요? 코르착은 이것을 '부모가 아이에게서 오늘을 살아갈 권리를 박탈하는 것'이라고 했습니다.

그래도 여전히 부모는 궁금해할 것입니다. 아이는 언제 어떻게 유아기의 자기중심주의에서 벗어나 성장하는가? 그리고 거기에서 부모가 해야 할 역할은 무엇인가? 종종, 아니 대부분의 경우 부모가 가장 걱정하는 것은 아이의 미래입니다. 우리 아이는 미래에 무엇이 될까? 나는 아이의 미래를 위해 무엇을 해줘야 하나? 희망과 절망을 오가는 물음 속에서 부모는 자신이 어느 선까지 책임져야 할지 고민합니다.

그러나 내가 생각하기에 미래 지향적인 계획은 오히려 가족의 삶에 좋지 않은 결과를 가져오는 것 같습니다. '우리 아이는 미래에 무엇이 될까?'라는 관점에서 아이를 바라보면 아이의 현재 모습을 무시하게 되기 때문입니다. 만약 아이가 부모라는 매니저가 짜준 프로그램 속에서 일주일을 살아가야 한다면 그건 정말 깊이 생각해볼 문제가 아닐까요? 물론 의심할 여지없이 좋은 취지에서 만든 프로그램일 것입니다. 그러나 그것이 정말 아이에게, 그리고 부모에게 이로운 것인지 의심스럽습니다. 알베르 카뮈는 이렇게 말했습니다. "미래에 대한 진정한 아량은 현재에 모든 것을 주는 것이다."*

　이러한 현재 옹호의 사상은 다른 철학적 전통에서도 나타나고 있습니다. 유대인 출신의 종교 철학자인 프란츠 로젠츠바이크는 한 편지에서 이렇게 썼습니다. "우리 힘으로 변화시킬 수 있는 것은 아무것도 없습니다. 단지 오늘에서 내일로 한 걸음 옮겨놓는 것이 우리가 할 수 있는 최선입니다. 오늘의 요구를 수행하는 것이 내일을 향한 작은 발걸음입니다. 해야 하기 때문에 할 수 있습니다. 내일을 위해 사람들은 모든 믿음의 힘을 필요로 합니다. 내일 절망하지 않기 위해서."*

　아이의 발전을 위해 중요한 것은 미래 지향적인 계획이나 좋은 학습 프로그램이 아닙니다. 진정 중요한 것은 아이가 스스로 자신을 계발하고 양성할 수 있도록 '정신적 풍토'를 만들어주는 것입니다. 정신적 풍토? 참 애매모호한 말 같습니다. 하지만 이것은 내가 달리

---

* 알베르 카뮈(Albert Camus, 1913~1960), 《반항하는 인간》

* 프란츠 로젠츠바이크(Franz Rosenzweig, 1886~1929), 《편지와 일기》
　독일의 역사가이자 철학가로, 유대인으로서 종교 화합을 주장했다. 마르틴 부버와 함께 하시디즘의 전통을 담은 책 《문자》를 공동 번역했다. 주요 저서로 《인간과 인간의 업적》 등이 있다. — 옮긴이

표현할 방법이 없어 어쩔 수 없이 쓴 말이므로 좀 더 구체적인 설명이 필요할 것 같습니다. 나도 정신적 풍토를 진정으로 이해하는 데 몇 년이 걸렸으니까요. 네 가지 예를 가지고 좀 더 구체적으로 설명해보겠습니다.

첫 번째 정신적 풍토

가족의 일상은 원하는 것을 성취하는 가운데 이루어집니다. 어른도 원하는 것이 있고, 아이도 원하는 것이 있습니다. 그런데 아이들은 끊임없이 새로운 것을 원하는 아주 놀라운 상상력을 가지고 있습니다. 그리고 광고와 소비 제품 생산 회사가 이들의 상상력을 부추깁니다. 아이들이 광고의 내용을 어떻게 이해하고 무엇이 유행인지를 어디서 알게 되는지 어른들은 그저 놀라울 따름입니다. 아이들은 광고와 유행에 민감하고 모든 관심을 거기에 집중합니다.

부모가 만들어야 할 첫 번째 정신적 풍토는 아이가 원하는 것을 무조건 들어주는 대신 아이가 가질 수 있는 것을 아이와 함께 선별하는 것입니다. 그렇게 하면 아이는 세상에는 갖고 싶어도 가질 수 없는 것이 있다는 것을 배우게 됩니다. 아울러 원하는 것을 얻게 되었을 때 느끼는 성취의 기쁨도 배우게 됩니다. 그리고 이러한 느낌은 아이의 기억 속에 오랫동안 남게 됩니다.

반면에 아이가 원하는 모든 것을 즉시 다 들어주면 아이는 성취의 기쁨을 모르는 채 자라나게 됩니다. 그리고 원하는 모든 것을 얻는 게 당연하다는 생각이 뿌리내리게 됩니다. 대부분의 부모들은 아이가 원하는 것을 빨리 얻으면 아이는 만족해서 당분간 다른 것을 원하지 않을 것으로 생각합니다. 하지만 그것은 착각입니다. 내가 지켜본 바로는 오히려 그 반대였습니다. 원하는 것을 빨리 얻으면 얻을수록 아이는 더 빨리 다른 것을 원했습니다. 그리고 원하는 것이 충족되자마자 또 다른 희망 사항을 말하고, 그것이 충족되면 다시 또 다른 희망 사항을 말했습니다.

"우리는 배불리 먹으나 포만감을 느끼지 못한다." 폴란드의 철학자 레셰크 코와코프스키가 한 말입니다. 이 짧은 문장은 전 세대에 걸친 모든 인간의 인생 느낌을 대변하고 있습니다. "자신을 절제하지 못하고 끝없이 뭔가를 갈망하는 늪에 한번 빠진 사람은 거기에서 쉽게 헤어나지 못한다. 그리고 항상 내면에 뭔가 채워지지 않는 공허감을 느낀다."[*] 아이들만 이 늪에 빠지는 것이 아닙니다. 채워지지 않는 아이의 욕구를 충족시켜주다 보면 부모도 함께 이 늪에 빠지게 됩니다. 그 결과, 아이는 자기 자신과 자신의 욕구를 절제하는 법을

[*] 레셰크 코와코프스키(Leszek Kolakowski, 1927~2009), 《불안감에 대하여》 폴란드의 철학자이자 역사가, 시사평론가로, 폴란드 철학계의 최고봉이다. 대표작으로 마르크스주의의 다양한 발전 형태를 총망라해놓은 《마르크스주의의 주류와 생성, 발전 그리고 몰락》과 《신이 존재하지 않는다면 : 회의와 믿음 사이에서 신에게 던지는 질문》 등이 있다. — 옮긴이

배울 수 없게 됩니다. 이런 아이의 인생 전반에 흐르게 될 분위기는 '문명 속의 불쾌감'입니다.* 즉, 기준도 없이 목적도 없이 모든 것을 무조건 가지려 하다 보면 아이 내면에 자리 잡게 되는 것은 불만족뿐이라는 것입니다. 왜냐하면 세상에는 가질 수 있는 것보다 가질 수 없는 게 더 많기 때문입니다.

"당신은 당신의 아이를 불행하게 만드는 확실한 방법을 아는가?" 루소가 던진 질문입니다. 그의 대답은 오늘날 부모와 아이의 관계에서 나타나는 문제점을 잘 분석해주고 있습니다.

"그것은 원하는 모든 것을 얻는 것에 익숙하게 만드는 것이다. 원하는 것을 쉽게 얻으면 얻을수록 아이는 더 많은 것을 원하게 된다. 그러나 아이가 원하는 모든 것을 충족시켜주기란 현실적으로 불가능하기 때문에 언젠가 당신은 아이의 희망을 들어주지 못하게 된다. 아이에게 부모의 이런 원치 않는 거절은 원하는 것을 아예 포기하는 것보다 더 고통스럽다. 처음에 아이가 원하는 것은 당신의 산책용 지팡이다. 다음에는 당신의 시계, 그다음에는 지나가는 새, 또 그다음에는 밤하늘에 반짝이는 별. 아이는 눈앞에 보이는 모든 것을 갖고 싶어 한다. 어떻게 당신이 아이를 만족시킬 수 있겠는가? 당신이 신이 아니라면!"*

---

* 프로이트, 《문명 속의 불쾌감》
* 루소, 《에밀 또는 교육에 대하여》

두 번째 정신적 풍토

가족의 일상에는 서로 다른 입장이 공존합니다. 두 번째 정신적 풍토는 가족 구성원 각자가 자신의 주관적 입장을 버릴 때 형성됩니다. 즉, '내 생각에는' '내가 원하는 것은' '내가 말하는 것은'이라는 문장이 사라졌을 때입니다. 현대 사회에서는 지난 세기의 모든 정신적 사조, 도덕, 윤리, 가치, 정치, 경제 등이 해체되면서 모든 것이 불확실해졌습니다. 이런 현대 사회의 회의적인 분위기 속에서 객관적이며 절대적으로 옳은 것은 없다는 명제가 유일한 진실이 되었습니다. 모든 인간의 견해는 주관을 벗어나 완벽하게 객관적일 수는 없으며, 이는 아무리 뛰어난 철학자의 견해라도 마찬가지입니다. 그래서 모든 인간의 견해는 결국 주관적일 수밖에 없다는 것입니다. 따라서 누구의 주장에 대해서도 절대적으로 옳다고 할 수도 없고 절대적으로 틀리다고 할 수도 없습니다.

오늘날의 윤리 문제도 이런 풍토 속에서 생겨나는 것 같습니다. 자고 일어나면 새로운 이론과 주장이 난무하는 세상에서, 그리고 누구나 자신의 주장이 옳다고 하는 세상에서 우리는 갈피를 잡지 못합니다. 누구의 주장이 옳고 그른지 판단할 새도 없이 새로운 이론과 주장은 다음 날 폐기 처분되기도 합니다. 아르놀트 겔렌*은 이를 가리

---

* 아르놀트 겔렌(Arnold Gehlen, 1904~1976) 독일의 철학자이자 사회학자로, 그의 사상은 '인간이란 무엇인가'라는 물음에 답하는 철학적 인간학이 주류를 이룬다. 주요 저서로 《세계 속에서 인간의 본성과 지위》 등이 있다.

켜 '허무한 과잉 생산'이라고 말한 적이 있습니다. 이것은 현대의 문화적 풍토에서 주관적 견해가 난무하면서 검증받지도 않은 이론과 주장이 우후죽순으로 생겨나는 것을 빗대어한 말입니다. 과잉 생산과 과잉 소비는 같은 현상의 양면일 뿐입니다.

그런데 부모와 아이의 관계와 이것이 무슨 연관이 있을까요? 가족 구성원 사이에도 이처럼 주관적 견해가 난무하는 현상이 나타나고 있습니다. 엄마는 자신이 옳다고 하고, 아빠도 자신이 옳다고 하며, 아이 역시 자신이 옳다고 합니다. 누구도 상대방의 말에 귀를 기울이지 않습니다. 그래서 합의된 결론도 항상 없습니다. 그러나 아이는 아직 자아가 완전하게 형성되지 못한 상태입니다. 주변 세계와 자신을 완전히 분리해서 하나의 독립된 개체로 생각하지 못합니다. 아이의 내면세계에 존재하는 것은 오직 '미완성의 나'뿐입니다. 이런 아이가 자아와 타아를 구분하고 자기 입장과 다른 사람의 입장을 구분하는 것은 불가능합니다. 왜냐하면 온전한 자아의식이 성립되었을 때 비로소 자아와 타아를 구분하게 되고 다른 사람의 존재를 인정하게 되기 때문입니다.

그렇다면 아이가 자기중심적인 세계에서 벗어나지 못하는 한, 가족 간에는 최소한의 이해도 불가능한 것일까요? 아이는 단 한 마디도 남의 말에 귀 기울이지 않으며 남의 말을 이해할 능력도 없는 것일까요? 사실 이것이 얼마나 어려운 일인지는 어른인 우리도 이해관계가 걸린 문제로 상대방과 대화할 때 수없이 경험하고 있습니다. 가벼운 일상의 대화에서는 이것이 전혀 문제가 되지 않습니다. 그러나 이해관계가 걸린 중요한 대화에서는 대부분 자기중심적이 되어 자신의 입장을 한 치도 양보하지 않습니다. 상대방의 말에 조금도 귀 기울이지 않습니다. 그래서 서로의 의견차를 좁히기가 어렵습니다. 가끔 이런 식의 대화를 하다 보면 마치 벽에 대고 혼자 말하는 것 같은 느낌이 들기도 합니다.

아이가 자기중심적인 사고에서 벗어나는 법을 일찍 배우지 못한다면, (나는 여기서 단 한 가지 예만 들겠는데) 학교는 아이에게 고문 기관이 되고 말 것입니다. 왜냐하면 학교는 아이가 하고 싶어 하지 않는 많은 것을 요구하기 때문입니다. 그렇다면 어떻게 해야 아이가 주관적인 입장에서 벗어나 사고하는 법을 배울 수 있을까요? 그리고 아이가 이기주의를 극복하려면 부모는 무엇을 해야 할까요?

가장 먼저 떠오른 대답은 아주 단순하고 간단합니다. 바로 부모가 자신의 주관적인 입장을 버리고 아이와 의견을 공유하는 태도를 보이는 것입니다. 다시 말해 아이와 대화를 하는 것입니다. 그러면 아이도 자신의 주관적인 입장을 버리게 됩니다. 그리고 아이와 대화할 때는 어른의 입장에서 아무리 유치하고 중요하지 않아 보여도 조심스럽게 판단하고 말해야 합니다. 또한 부모가 먼저 다양한 입장을 이해하는 태도를 보여야 합니다. 아이와 대화할 때 무엇보다 중요한 것은 윗사람이 아랫사람에게 최종 판결을 선고하듯 말해서는 안 된다는 것입니다. 우리가 다루는 아이들은 아직 미완성의 존재들입니다. 아이들은 인간으로 되어가는 존재입니다. 그리고 종종 우리가 잊어버리는 사실은 우리도 예전에 미완성의 존재였다는 것입니다. 이 사실을 늘 염두에 둔다면 우리는 자기중심주의의 화신인 아이를 좀 더 여유롭고 의연하게 다룰 수 있습니다.

세 번째 정신적 풍토

세 번째 정신적 풍토는 가족 구성원들의 관심사와 흥미입니다. 나는 여기서 아이가 가져야 할 관심사나 흥밋거리를 나열할 생각은 없습니다. 내가 말하고 싶은 것은 아이가 무엇에 관심이 있고 어떤 흥미를 계발하든 그건 그리 중요하지 않다는 것입니다. 정말 중요한 것은 아이가 뭔가에 관심과 흥미가 있다는 '사실'입니다.

세상은 넓고 특히 오늘날에는 스포츠, 음악, 독서, 놀이, 연구, 발견, 만들기 등 수많은 가능성이 있습니다. 하지만 진정한 관심과 흥미는 아이가 이것저것 다양한 것을 많이 접해볼 때 자연스레 생겨납니다. 인간은 더 많이 보고 더 많이 들을수록 더 많은 것을 알고 싶어 하는 존재입니다. 그래서 지적 호기심이 높아지면 하고 싶은 일도 많아집니다. 시간을 때우려고 텔레비전이나 게임, 오락 같은 것에 의지할 필요도 없어집니다. 현대 가족의 삶에서 나타나는 지배적인 현상은 온 가족이 전자 제품에 둘러싸여 있는 모습입니다. 그러나 정말 의미 있는 일로 바쁜 가족이라면 심심풀이 따위로 시간을 때우지 않습니다. 아이가 뭔가에 관심과 흥미를 가지려면 부모의 도움이 필요합니다. 정확히 말하면 부모의 자극이 필요합니다. 그리고 최고의 자극은 부모의 관심과 흥미에 아이를 참여하게 하는 것입니다.

네 번째 정신적 풍토

아무리 작은 공동체라도 모든 공동체에는 갈등이 생기게 마련입니다. 네 번째 정신적 풍토는 기본적으로 평화를 사랑하는 것입니다. 이것은 갈등을 피하라는 의미가 아닙니다. 오히려 그 반대입니다. 평화란 수많은 갈등을 극복했을 때 찾아옵니다. 그래서 평화를 사랑하는 사람은 곧 갈등을 극복하고 평화를 되찾겠다고 다짐하는 사람입니다. 갈등을 극복하기 위한 기본 전제는 상대방을 존중하는 것입니다. 다른 말로 하자면 상대방을 존중하지 않는 한 갈등 극복은 없다는 것입니다. 이것이 부모가 가져야 할 평화를 사랑하는 마음입니다. 물론 그런다고 해서 아이가 평화를 사랑하게 된다는 보장은 없습니다. 그러나 적어도 갈등을 극복하고 평화를 되찾겠다는 정신만큼은 배우게 될 것입니다.

앞에서 나는 사고의 출발점으로 경제인들이 꼽은 이상적인 수습생이 갖춰야 할 미덕과 능력의 목록을 소개했습니다. 그다음에는 목록에 나열된 개념들을 경제적 관점이 아닌 교육적 관점에서 살펴보았습니다. 그리고 부모가 아이의 미래를 위해 할 수 있는 일들을 생각해보았습니다. 이러한 사고 끝에 나는 아이가 자기 절제를 배우고, 자신만의 주관적인 입장을 버리고, 자신의 흥미와 관심을 계발하고, 상대방을 존중하는 자세를 갖도록 하려면 부모가 네 가지 정신적 풍토를 만들어주어야 한다는 결론에 도달했습니다. 그런데 이것은 경제인들이 바라는 것과는 거리가 먼 것처럼 보입니다. 오히려 화목한 삶을 위한 것 같습니다. 물론 이 네 가지 덕목은 아이를 미래의 직업 세계에 대비시키기 위한 것이 아닙니다. 아이의 자기 형성을 위한 과제입니다.

그러나 아이가 이러한 덕목을 갖추게 된다면 미래의 직업 세계에 훌륭하게 적응할 수 있지 않을까요? 좀 더 구체적으로 말해보겠습니다. 만약 내 아이가 정중한 언어를 배워 장차 성공적으로 고객을 다룰 수 있기를 바란다면, 나는 지금 아이가 인격적으로 행동하고 말하는 법을 배우도록 신경 쓸 것입니다. 만약 내 아이가 자신을 자제하는 법을 배워 장차 직장인에 맞는 자세를 갖추기를 바란다면, 나는 지금 아이가 자기 자제를 배우도록 신경 쓸 것입니다.

'무엇이 이상적인 수습생인가?' 하는 물음은 곧 '무엇이 이상적인 인간인가?'라는 물음과 밀접하게 연관되어 있습니다. 이상적인 인산이라니? 이 물음에 대해 나는 깜깜한 절벽에 서 있는 느낌입니다. 이상적인 수습생에 대해서는 마음껏 생각해보았고, 그 결과 '이상적'이 아닌 '현실적'인 수습생이 되기 위한 해답을 얻었습니다. 호모 라보란스(homo laborans)! 지능 높은 노동자로서의 인간! 인간은 생존을 위해 노동을 해야 하는 존재입니다. 현실적인 수습생이란 이런 노동에 필요한 전제 조건을 갖추고자 노력하는 사람입니다. 그러나 이상적인 인간이라니? 그건 이미 오래전에 잊힌 시대의 철학자들이나 고민하던 것 아닌가? 옛날 철학자들은 이상적인 인간을 양성하는 것이 곧 교육의 목적이라고 보았습니다. 그러나 요즘같이 각박한 시대에 인간 내면의 완성을 위한 교육에 누가 신경이나 쓰겠습니까! 고대에는 교육을 훌륭한 이력서를 장식하기 위한 도구나 좋은 일자리를 구하기 위한 수단으로 사용하지 않았습니다. 배운 지식을 바탕으로 자기 형성의 과제를 완성해나가기 위한 것이었습니다. 간단히 말해서 교과 교육과 교양 교육이 함께 어우러진 형태였던 것입니다.

어쨌든 이상적인 인간에 대해 계속 생각해보기 위해 나는 다른 의문을 떠올렸습니다. 여기서 사고의 명확성과 정확성을 위해 너무나 격이 다른 두 단어를 사용하는 것에 대해 먼저 여러분의 양해를 구합니다. 그것은 '이상적인 인간과 약삭빠른 인간의 차이점은 무엇인가?'라는 것입니다.

약삭빠른 인간은 성취욕이 강합니다. 그래서 이들이 추구하는 이상은 '성공'입니다. 그리고 성공을 위해서는 수단과 방법을 가리지 않습니다. 이들은 대개 언변이 유창하고 2~3개 국어에 능통합니다. 항상 서비스 제공 마인드를 유지하고 있으며 필요하다면 아주 정중하고 친절한 태도를 보입니다. 게다가 풍부한 상식의 소유자로서 적절히 상식을 이용할 줄도 알기 때문에 간단한 일상 대화 정도는 능숙하게 이끌어냅니다. 이들은 근본적으로 자신이 누구를 위해 일하든 상관하지 않습니다. 중요한 것은 성공이 자신의 편에 서 있어야 한다는 것입니다.

이들은 적응력도 뛰어납니다. 팀원으로 일할 준비도 되어 있고 능력도 있습니다. 단체 생활을 즐기며 이 사람도 만족시키고 저 사람도 만족시킵니다. 하지만 그러면서도 다른 사람이 안 되는 것을 보면 속으로 승리의 미소를 짓습니다. 이들은 자신의 출세에 도움이 된다면 위험 부담이 큰 일도 기꺼이 떠맡습니다. 힘든 일을 감당하는 능력도 대단합니다. 무엇보다도 이들은 이동성이 강합니다. 현대에는 이동성이 각광받는다는 것을 잘 알고 있기 때문입니다. 이들은 양심의 가책을 느낄 만한 일을 하지만 절대로 자신을 더럽히지는 않습니다. 항상 깔끔하게 양복을 차려입고 힘든 상황을 요리조리 잘 빠져나갑니다. 이들은 권력의 중심에 서 있는 인물이 권좌를 차지하는 데 열성적으로 참여해 돕습니다. 그러다가 그 인물의 권력 기반이 흔들린다고 판단되면 재빨리 다른 인물에게로 돌아섭니다.

이들이 가장 좋아하는 단어는 '순진무구한'이라는 형용사입니다. 물론 이들이 이 형용사를 직접 소리 내어 말하는 경우는 거의 없습니다. 그러나 이 형용사는 이들의 내면에 흐르는 독백에서 가장 중요한 단어입니다. 이들은 이 형용사를 통해 자기 자신과 다른 사람을 구분합니다. 약삭빠른 인간이 볼 때 냉혹한 현실 세계를 망각하고 성공이나 경력, 권력, 돈 이외의 다른 것을 높이 평가하는 사람은 '순진무구한' 사람이니까요.

이런 유형의 사람들이 교육을 받지 않은 사람들일까요? 이런 사람들의 특징이야말로 경제인들이 내세우는 이상적인 수습생의 조건과 일치하지 않나요? 아마도 누구나 한 번쯤은 이런 유형의 인간에게 염증을 느껴보았을 것입니다. 아니, 구토라고 해야 하나요? 이것을 느껴보지 못했다면 그 사람은 오래전 통용되었던 '교육'의 개념을 단순히 구시대적인 유물로만 생각하는 사람입니다.

그렇다면 칸트, 실러, 훔볼트, 루소, 헤겔 같은 구시대 사람들이 생각한 '교양 교육'이란 어떤 것일까요? 교양 교육이란 우리가 인생에서 어느 편에 설 것인가를 결정해주는 것입니다. 어떤 사람들은 시대에 통용되는 대세의 흐름에 아무 생각 없이 무조건 합류합니다. 반면에 어떤 사람들은 시대의 흐름을 따라가기 전에 먼저 생각합니다. 왜 그런 현상이 생겨났는지를 과거 속에서 찾아보고, 그것이 미래에 미치게 될 파장에 대해 심사숙고합니다. 그런 다음 대세의 흐름에 합류할지 말지 결정합니다. 우리 인생의 모습은 우리가 어느 편에 서느냐에 따라 달라집니다. 우리는 대세의 흐름을 무조건 좇아가며 직업 세계에서 유용한 사람이 되는 것에 성취감을 느낄 수도 있습니다. 그리고 지나간 것, 과거의 것을 소중히 여기며 소신 있고 의식적으로 살아가는 것에 만족을 느끼는 사람이 될 수도 있습니다. 결국 우리가 어느 편에 설 것인가는 우리의 행동이 다른 사람에게 어떤 인상을 남기느냐에 달려 있지 않을까요?

만약 누군가가 내게 "그렇다면 당신이 생각하는 이상적인 인간이란 무엇인가?"라고 묻는다면 나는 무척 난처할 것입니다. 왜냐하면 이상적인 인간이 무엇인지 나도 모르기 때문입니다. 게다가 나는 이상을 구상하고 추구하는 일과는 거리가 먼 사람입니다. '이상'은 상당히 위험한 것입니다. 과거에도 그랬고 현재에도 그렇습니다. 만약 이상을 잣대로 현실의 인간을 평가한다면 모든 인간은 형편없는 인간으로 평가될 것입니다. 니체는 이렇게 말했습니다. "좋은 사람에게 피해를 주는 것이 가장 나쁜 피해다."

지난 세기의 정치적 경험이 보여주듯이 이상 실현을 위해 자행된 전쟁과 테러는 인간에게 참혹한 결과만 불러왔습니다. 독일과 일본이 일으킨 세계 대전, 중동 지역의 종교 분쟁, 이 모두가 이상 실현을 전면에 내세웠습니다. 만약 부모가 이상적인 인간이 무엇인지 정확하게 안다면 아이는 자신의 이상을 펼쳐나가기 어려울 것입니다. 왜냐하면 부모의 이상에 맞춰 자라나야 하기 때문입니다.

그렇다면 이상적인 인간이 무엇인지 잘 모르는 내가 이상적인 인간에 대해 무슨 말을 할 수 있을까요? 루트비히 비트겐슈타인이 이런 말을 한 적이 있습니다. "모든 가능한 학문적 물음의 해답이 풀린다 해도 우리 삶의 문제가 여전히 그대로 남아 있음을 우리는 느끼고 있다." 우리 삶의 문제는 우리의 경험과 관련되어 있습니다. 그리고 어떤 이론이나 학문도 우리 인생에 대해 답을 주지 않습니다. 우리 스스로 해답을 찾아야 합니다. 우리는 우리 자신에 대해 무엇을 알고 있는가? 우리는 우리 자신을 어떻게 보고 있는가? 알 수 없는 우연과 우연이 만나 이루어지는 이 삶을, 언젠가 끝나버릴 이 삶을 우리는 어떻게 이해하고 있는가? 우리는 우리 자신에게 무엇을 잘못하고 있으며 다른 사람에게는 무슨 잘못을 하고 있는가? 어둡고 긴 터널 같은 이 삶에 빛이 드는 날이 과연 있기는 할까? 세상의 부당함과 불공평함에 질식해 죽지 않도록 우리 영혼에 신선한 공기를 불어넣어주는 것은 무엇일까? 정말 우리가 빵만 먹고 사는 게 아니라면 우리는 무엇을 먹고 살아야 할까? 그리고 그것을 위해 나는 무엇을 해야 하고 왜 해야 하는가?

교양 교육이란 습득한 지식을 바탕으로 이런 질문에 스스로 답을 찾을 수 있게 길을 밝혀주는 게 아닌가 싶습니다. 이런 질문을 위해 항상 깨어 있고, 일상의 평안함에 안주하지 않으며, 의식적인 삶을 살고자 노력하는 것 말입니다. 내 생각에는 이것이 바로 이상적인 인간을 만드는 교양 교육 같습니다. 이런 교육에서는 누군가 완성해

• 루트비히 비트겐슈타인, 《트락타투스》

놓은 이상을 무조건 좇아갈 필요가 없습니다. 스스로 이상을 찾게 해주는 것이 이런 교육의 목적이기 때문입니다. 무엇보다도 이런 교육의 매력은 빠르게 돌아가는 현대 사회 속에서도 우리 아이들이 근시안적인 안목으로 속단하지 않고, 좀 더 넓은 시야로 신중하게 사고하는 태도를 갖게 해준다는 점입니다.

자신이 배운 지식을 바탕으로 진정한 교양을 갖춘 사람은 뭔가를 맹목적으로 추종하지 않습니다. 물론 지금의 대세인 지나친 교육열에도 쉽게 휩쓸리지 않습니다. 이런 사람은 삶의 바탕이 되는 요소가 항상 시간을 두고 신중하게 생각하는 참을성과 인내심입니다. 이것은 아이에게도 좋습니다. 왜냐하면 아이가 유아기적 상태에서 벗어나 성장하려면 부모의 인내심이 필요하기 때문입니다. 교양 있는 부모는 아이와 갈등을 겪을 때마다 긴 호흡을 가다듬고 오랫동안 기다려줄 수 있는 참을성과 인내심을 발휘합니다.

진정한 교양을 갖춘 사람은 모두가 당연시하는 것도 다시 한 번 생각합니다. 그리고 그렇게 함으로써 사고의 지평이 넓어집니다. 사고의 폭이 넓어지면 아이와 갈등을 해결할 때에도 폭넓은 이해심을 발휘하게 됩니다. 즉, 더 아량 있고 느긋한 태도로 아이를 다루게 됩니다. 이것 또한 아이에게 좋습니다.

교양 있는 사람은 거리를 유지할 줄 압니다. 자기 자신과 좀 떨어져서 객관적으로 사고합니다. 교양 있는 사람은 아이와도 거리를 유지할 줄 압니다. 아이와 거리를 유지하며 아이를 하나의 독립된 존재로 인정하고, 아이를 있는 모습 그대로 존중합니다.

교양 있는 사람을 알아보는 가장 확실한 방법은 사용하는 언어입니다. 교양 있는 사람은 말하기 전에 심사숙고해서 중요한 것과 중요하지 않은 것을 구분합니다. 그리고 자신의 생각이 틀렸을 수도 있다는 것을 항상 염두에 둡니다.

이제 독자들은 내게 이렇게 물을 것입니다. 이러한 부모의 태도가 아이에게 어떤 영향을 미치는가? 어떤 작용을 하는가? 아이의 교육에 정말 보탬이 되는가?

이 물음에 대해 나는 확실한 대답을 할 수가 없습니다. 하르트무트 폰 헨티히의 말에 따르면 교양이란 자기 성찰의 과정이라고 합니다. 즉, '교양이란 자신을 관찰하고 반성하면서 자기 자신을 형성하는 것'이라는 말입니다.* 모든 인간은 오직 자신의 힘과 의지로 '자기 형성'의 과제를 이루어야 합니다. 이에 대해 우리가 부모로서 할 수 있는 일은 매우 적을지도 모릅니다. 그러나 적은 일이라도 하

* 하르트무트 폰 헨티히(Hartmut von Hentig, 1925년~), 《교양》
  독일의 교육학자이자 작가로, 1945년부터 그의 교육 철학은 독일 교육계에 지대한 영향을 미치고 있다. 주요 저서로 《인간이 강하면 일은 해결된다》 《교양》 등이 있다.
  ― 옮긴이

는 게 중요합니다. 자유롭고 가치 있는 삶을 일궈나간다는 게 무엇인지를 아이가 조금이나마 가늠할 수 있도록 말입니다.

칸트는 교양이란 무엇보다도 자기 자신에 대한 작업이라고 했습니다. 즉, "자신을 개선하고, 자신을 교화하고, 자신의 모습이 악(惡)할 때에는 자기 안에 숨어 있는 도덕성을 발현하고……." 그리고 이렇게 덧붙였습니다. "그러나 이에 대해 곰곰이 생각해 보면 이것이 얼마나 어려운 일인가를 깨닫게 된다."

자기 자신을 돌보는 일은 타인에 대한 오만으로부터 우리를 지켜주고, 무엇보다도 우리 자신을 알게 해줍니다. 교양 있는 사람은 자신이 선한 사람이 아니라는 것을 알고 있습니다. 그래서 항상 자신을 탐색합니다. 교양 있는 사람은 잘못된 겸손이 아닌 명확한 지식으로 자신을 평가합니다. 그래서 완벽하지 않은 자신의 모습을 자기 비하가 아닌, 있는 그대로 인정합니다.

교양 없는 사람은 다음과 같은 점으로 알아볼 수 있다. 그는 자신이 힘들 때 다른 사람을 비난한다. 철학적 초보자를 알아보는 방법도 있다. 그는 자신을 비난한다. 그러나 정말 교양 있는 사람은 다른 사람도, 자기 자신도 비난하지 않는다.

— 에픽테토스, 《윤리학 안내서》

평생을 원(圓) 안에서 맴도는 인간보다 더 불쌍한 존재는 없다. 인간은 땅속 깊이 묻혀 있는 것을 파헤쳐 밝혀내듯이 다른 인간의 영혼에서 일어나는 일을 추측하여 연구한다. 그러나 정작 자신의 마음속에 악마가 머물고 있다는 것은 모른다. 이것은 인간이 자신의 영혼을 돌보지 않기 때문이다. 끝없는 탐욕과 애욕, 신과 인간한테서 온 모든 불쾌한 것들로부터 자기 자신을 지키지 않기 때문이다. 물론 신한테서 온 것은 고귀한 것이므로 존경할 만하고, 인간한테서 온 것은 친족이므로 사랑스럽다. 그러나 유감스럽게도 인간은 가끔 무엇이 선하고 무엇이 악한지 모르기 때문에 이들을 사랑하고 존경하기도 한다.

— 마르쿠스 아우렐리우스, 《나 자신에게 가는 길》

진리에 대한 가장 개인적인 질문. "나는 무엇을 하고 있나? 그리고 그것으로 무엇을 하고 싶은가?" 이것이 진리에 대한 질문이다. 우리가 지금의 교육 방식으로는 배우지 못했기 때문에 할 수 없었던 질문이다. 그리고 그런 질문을 할 시간도 없다. 아이들과 진리에 대해 이야기하지 않고 익살스러운 이야기를 하기 때문이다. 나중에 어머니가 될 여성들과 진리에 대해 이야기하지 않고 공손한 말투에 대해 이야기하기 때문이다. 청소년들과 진리에 대해 이야기하지 않고 그들의 미래와 그들에게 성취감을 주는 것에 대해 이야기하기 때문이다. 그러나 우리에게는 늘 진리에 대해 이야기할 시간도 있고 그럴 마음도 있다. 그렇지 않다면 70년의 세월이 뭐란 말인가! 하지만 시간은 흘러 곧 70년의 세월이 마감된다. 그런데도 우리는 왜 진리에 대해 이야기해야 하는지도 모른 채 그 70년 동안 그저 파도처럼 밀려왔다 밀려가기만 한다. 어쩌면 모르는 게 현명한 것인지도 모른다. "시인하건대 모르는 것이 자랑스럽지는 않다. 그렇지만 우리의 교육이 정말 인간을 자랑스럽지 않게 만들고 있는지 의문을 품어본 적은 없다." — 그러면 그럴수록 좋다! — "정말?"

— 니체, 《아침놀》

7

감사를 바라는 마음

사랑에 대한 고집 센 환상

"감사한 일에 대한 감사의 의무는 가장 끔찍한 올가미다."

— 존 스타인벡

"음식이 좋으면 모든 것이 좋다!" 이 문구로 한 분말 소스 제조 회사가 신제품을 광고했습니다. 이 짤막한 광고에는 기분 좋은 가족이 등장합니다. 아빠도 웃고, 엄마도 웃고, 아이도 웃습니다. 밝고 행복한 가족입니다. 가족 모두 풍성하게 차려진 식탁 앞에 둘러앉아 있습니다. 식탁 가운데에는 촛불이 타오르고, 가스레인지 위에는 스테이크가 지글지글, 그 옆에는 김이 모락모락 나는 소스가 준비되어 있습니다. 그리고 광고는 그 소스에 포커스를 맞춥니다.

이 광고의 기본 명제는 소비 세계 전체에서 통용되는 것입니다. "불평하지 말고 살아라. 기뻐해라. 마음껏 즐겨라. 그러면 모든 것이 좋아질 것이다." 이 간단한 명제가 끊임없이 전 세계의 허공을 떠돌고 있습니다. 몸 성히 잘 먹고 잘 지내는 것이 덧없이 짧은 이승의 삶에서 가장 가치 있는 삶이라는 것입니다. "먹고 마시자! 내일이면 우리는 죽어 있을 것이다!"

이 광고의 저변에 깔린 철학은 오늘날의 아이들을 꿰뚫어본 것입니다. 음식이 좋으면 모든 것이 좋다고요? 풍성하게 먹을 것이 차려져 있고 배가 부르면 세상이 다 좋아 보인다는 것입니다. 그러나 광고에서 보여주는 행복한 아이의 모습은 누구나 다 아는 사실이지만 사기입니다. 광고는 거짓을 약속하고 있습니다. 왜냐하면 지금까지 빵만 먹고 자란 아이는 없기 때문입니다. 거의 모든 TV 광고에서 등장하는 광고 속 가벼운 삶은 상상할 수 없을 만큼 모든 것이 평안한 세계에서나 가능한 일입니다. 현실 세계에서는 환상일 뿐입니다.

이 환상의 저편에, 소비를 조장하는 거짓 광고 세계의 저편에, 최대한 가벼운 삶을 살고 싶은 희망의 저편에 우리 부모들이 서 있습니다. 부모들은 끊임없이 걱정에 시달립니다. 건강에 대한 걱정, 올바른 식생활에 대한 걱정, 살기 좋은 집에 대한 걱정, 항상 친절하지만은 않은 세계에서 아이가 올바로 성장할지에 대한 걱정⋯⋯. 그리고 몇 년이 지나면 이것저것 해줘야 할 것이 많은 학교 교육에 대해 걱정합니다. 시간이 지나면서 걱정의 내용만 달라질 뿐입니다. 또한 부모들 중 많은 이가 아이를 학교에 보내면서 아픈 경험을 하기도 합니다. 학교만큼 가족의 삶에 깊이 들어와서 많은 것을 요구하고, 가족의 삶에 결정적인 영향을 미치는 기관도 없기 때문입니다.

부모는 주는 사람이고 아이는 받는 사람입니다. 나는 아이와 더불어 사는 이야기를 시작하면서 부모와 아이 사이의 역할 분담이 처음부터 정해져 있다고 했습니다. 그런데 이 역할 분담에는 두 가지 문제점이 있습니다. 첫 번째 문제는 매일같이 새로 넘쳐나는 걱정 속에서 사는 삶은 대단히 위험하다는 것입니다. 하이데거는 이런 삶의 형태를 '인간 본성에 어긋나는 실존 형태'라고 했습니다.[*] 즉, 지나치게 다른 사람의 안위만을 돌보는 사람은 정작 자기 자신을 돌보는 것을 잊어버리게 된다는 것입니다.

두 번째 문제는 우리가 걱정에 대해 걱정한다는 것입니다. 내가 아이에게 충분히 주고 있나? 제대로 주고 있는 걸까? 혹시 너무 많이 주는 것은 아닐까? 내가 지나치게 걱정이 많은 건가? 언제까지 무조건 사랑을 주어야 하지? 어느 시점부터 아이의 자아 형성과 교육에 대해 걱정해야 할까? 내가 수행해야 할 과제를 제대로 인식하고 있는 걸까? 그럼 그 과제를 어디까지 수행해야 하나?

우리는 우는 아이를 무조건 달래주고, 돌봐주고, 도와준 사람입니다. 우리는 아이의 든든한 후견인이고 아이의 앞길을 닦아주는 사람이며 아이의 부양자입니다. 또한 아이를 미래에 대비시키면서도 아이가 현재에도 만족할 수 있도록 신경 썼습니다. 우리는 아이의 모든 일정을 관리해주고, 위기를 해결해주고, 운전기사 역할까지 했습니다. 그런데도 우리가 아이를 위해 한 모든 일에서 혹시 무슨 잘못을 저지른 것은 아닌지 늘 걱정합니다.

[*] 마르틴 하이데거(Martin Heidegger, 1889~1976), 《존재와 시간》

갑자기 한 단어가 생각납니다. '죄책감'입니다. 죄책감이란 자신이 저지른 잘못에 대해 책임을 느끼는 감정입니다. 오늘날 많은 부부들이 직장 일과 가사, 육아를 병행합니다. 그러나 이 세 가지 모두를 완벽하게 해내기란 현실적으로 불가능합니다. 그래서 직장 일에 문제가 생기면 가사와 육아를 탓하고, 가사나 육아에 문제가 생기면 직장 일을 탓합니다. 결국 개인에게 너무 많은 책임을 지우는 현대 사회를 비난하게 됩니다. 게다가 아이 교육을 위해 부모가 해줘야 할 일은 또 얼마나 많습니까? 우리가 신이 아닌 이상 이 모든 일을 완벽하게 해낼 수는 없습니다.

부모도 늘 최상의 컨디션을 유지할 수는 없습니다. 직장 일이나 가사로 너무 힘든 날은 아이와 놀아줄 힘도, 의욕도 없습니다. 아이에게 짜증이 나는 날도 있습니다. 교육의 정글 속에서 우리의 판단력은 쉽게 흐려집니다.* 소신 있게 아이를 키워야지 하다가도 대세의 흐름을 보면 문득 걱정이 앞서기도 합니다. 이것이 현실 속 부모의 모습입니다. 현실의 부모는 완벽할 수 없으며 잘못을 저지를 수밖에 없습니다. 그런데도 우리는 거기에 죄책감을 느낍니다. 부모는 주는 사람이므로 우리가 아이의 인생에 전적으로 책임이 있다고 생각하기 때문입니다.

죄책감을 느끼는 부모들의 생각 중 가장 끔찍한 것은 이것입니다.

* 볼프강 펠처, 《교육의 정글 속에서》

"모든 게 우리 책임이야. 우리는 우리가 한 일에 대해 책임져야 하고, 우리가 하지 않은 일에 대해서도 책임져야 해. 우리는 우리가 생각하는 훌륭한 부모가 아니야. 우리는 그런 훌륭한 부모가 될 수 없을지도 몰라."

약 200년 전, 루소는 교육과 자기 형성에 대한 근본적인 문제들을 깊이 고민하면서 부모들에게 길잡이가 될 만한 책을 썼습니다. 이 책은 18세기 철학을 대표하는 작품으로 《에밀 또는 교육에 대하여》입니다. 부모가 아이를 키우고 교육하며 아이와 함께 살아가는 삶에 대해 쓴 책입니다. 그런데 이 위대한 작품에서 가장 참기 어려운 것은 이상적인 교육자로서의 부모 모습입니다. 루소가 말하는 부모는 합리적이고 이성적인 교육관을 전개하는 이상적인 교육자였습니다.

하지만 현실의 부모가 모두 그런 이상적인 교육자가 될 수는 없습니다. 왜냐하면 루소가 말하는 부모는 잘못을 저지르지 않기 때문입니다. 항상 올바른 시각으로 올바른 결정을 내렸고, 약간 주저해야 한다면 주저했으며, 아이를 앞으로 몰아붙여야 한다고 판단되면 몰아붙였습니다. 아이와 겪을 갈등도 미리 예상하여 필요한 상황에서는 뒤로 물러나 관망하는 자세를 취했습니다. 반면에 전면에 나서야 할 때는 적극적으로 아이의 인생에 개입했습니다. 그리고 이 모든 것은 예상대로 아이에게 긍정적인 영향을 미쳤습니다. 이처럼 루소가 말하는 부모의 모습은 완벽하게 이상적인 교육자였습니다. 잘못을 저지르고, 아이에게 필요한 것을 시기적절하게 알아차리지 못하는 현실의 부모 모습은 아니었습니다.

"아이는 자기 일에 온 힘을 다하고, 당신은 아이에게 온 힘을
다해야 한다." 이것이 루소가 말하는 교육관의 핵심입니다. 하지
만 부모가 그런 이상적인 교육자가 되려면 다양한 교육 방법을 시기
적절하게 구사할 줄 알아야 합니다. 그것도 실수 하나 없이 완벽하
게 말입니다. 그래서 루소가 느껴보지 못한 것이 하나 있습니다. 바
로 '죄책감'입니다.

세상에는 모순과 일반적이지 않은 얘기로 가득 찬 책들이 많습니
다. 그중에 니체의 《짜라투스트라는 이렇게 말했다》가 있습니다.
이 책에서 짜라투스트라는 시종일관 비장한 어조로 미래를 예시했
습니다. 짜라투스트라의 수많은 이야기 중 '자식과 결혼에 대하여'
라는 것이 있습니다. 이 이야기에서 짜라투스트라는 부부는 결혼이
라는 제도와 자식을 떼어놓고 생각할 수 없다고 했습니다. 그리고
현실을 이런 오랜 관습을 신성시하는 기관으로 묘사했습니다. 또한
결혼을 가리켜 '가련한 동맹'이라고도 했습니다. 함께 고난을 극복
하고, 함께 간절한 소망을 이루고, 함께 암울한 고독을 벗어나기로
결연한 두 동물이 스스로 빠져 들어간 숭고한 그물망이 바로 '결혼'
이라는 것입니다. 짜라투스트라는 이렇게 탄식했습니다. "아, 한 쌍

• 루소, 《에밀 또는 교육에 대하여》
• 외래어 표기법에는 '자라투스트라'가 맞지만 독일어 원어 발음에 가깝게 표기하고
  자 '짜라투스트라'로 표기했다. —옮긴이

의 영혼의 빈곤함이여! 아, 한 쌍의 영혼의 불결함이여! 아, 한 쌍의 영혼의 가련한 안락이여!" 전반적으로 결혼의 잿빛 현실만을 놓고 신랄한 논쟁을 벌이다가 갑자기 이런 결혼을 불쌍하게 여기지 말라고 했습니다. 그리고 마지막에 한 문장이 나타났습니다. 너무 뜻밖의 문장이라 나는 깜짝 놀랐습니다. "자기 부모를 위해 울어야 할 근거가 없는 자식이 어디 있는가!"

내 생각에, 우리가 의식 있는 부모가 되기 위해서는 먼저 이 문장에 대해 생각해봐야 할 것 같습니다. 그러나 어쨌든 나는 여기서 여러분이 오해하지 않도록 죄책감에 대한 나의 생각을 분명히 밝히고 싶습니다. 나는 잘못이나 실수를 범하는 것을 꼭 부정적으로만 보지 않습니다. 죄책감이 반드시 사람을 위축시킨다고도 생각하지 않습니다. 죄책감이 우리의 영혼을 괴롭힌다고도 생각하지 않습니다. 자신의 잘못과 자신의 죄를 의식하는 것은 오히려 우리의 영혼을 자유롭게 만들어줍니다. 왜냐하면 우리는 신처럼 완벽하지 않으며 실수투성이의 한 인간이라는 사실을 인정하는 것이기 때문입니다. 이런 사실을 받아들이고 나면 우리의 마음은 한결 가벼워집니다. 완벽할 수 없는 우리가 완벽하고자 안간힘을 쓰면서 그렇지 못한 자신의 모습에 화를 내고, 다른 곳에 책임을 돌리는 것이야말로 우리의 영혼을 괴롭히는 일입니다. 우리 모두는 작은 원죄입니다. 잘못을 저지르고 죄책감을 느끼며 사는 것이 인간입니다. 그리고 무엇보다도 죄책감 덕분에 우리는 우리가 저지른 잘못을 만회하려고 노력하게 됩니다.

자신의 잘못을 깨닫고 뉘우치는 일은 우리를 자만심과 우월감에 빠지지 않게 도와줍니다. 그리고 아이와의 관계에서도 완벽한 신처럼 오류를 범하지 않겠다는 환상에서 벗어나게 해줍니다. 죄책감을 느낄 줄 아는 사람은 인간을 유한하고 불완전한 존재로 생각합니다. 약하고 상처받기 쉬운 인간의 모습을 인정하고 사랑합니다. 나아가 자신뿐만 아니라 다른 사람까지도, 특히 아이를 완벽주의 때문에 힘들게 하지 않습니다.

그럼 아이는 부모에게 어떤 잘못을 할까요? 부모가 해준 모든 것에 감사하지 않는 것? 대부분의 가정에는 특별한 분위기가 있습니다. 아무도 말하지는 않지만 누구나 느낄 수 있는 분위기입니다. 뭔가를 아이에게 바라는 부모의 기대감, 이 기대감이 언제나 집 안에 가득합니다. 부모는 아이가 언제 말해줄까, 언제 표현해줄까 호시탐탐 기다립니다. 그리고 아이가 아무 생각 없이 한 말과 행동에 상처를 받습니다. 더는 오지 않는 전화, 무성의한 반응, 기념일이나 생일 잊어버리기, 잘못 고른 선물, 사려 깊지 못한 행동이나 말투 따위에 상처받습니다. 그러고는 아이의 본심과 상관없이 혼자 부풀려 생각하고 아이를 잘못 키웠다며 자책합니다. 그렇다면 부모가 기대하는 것은 무엇일까요? 바로 부모에 대한 아이의 감사하는 마음이 아닐까요? 하지만 그것은 결코 만족스럽게 충족될 수 없습니다.

우리는 이해할 수 없는 아이의 울음소리에도 귀를 기울여주었고,

모든 인내심을 발휘하여 원하는 것은 다 해주었습니다. 그리고 좋은 부모가 되기 위해 끊임없이 고민했습니다. 가능한 한 아이에게 많은 것을 보여주었고, 화목한 가족 공동체를 이루려 노력했습니다. 수학 문제도 풀어주었으며, 다음번 생물 시험의 예상 문제도 간추려주었습니다. 이것은 엄연한 사실입니다. 그렇다면 부모인 우리가 아이에게 감사의 마음을 기대해도 될 만한 충분한 근거가 되지 않을까요?

뛰어난 직감을 지닌 루소는 이 문제를 정확히 보았습니다. 그의 대답은 간단명료합니다. 이성적으로 곰곰이 생각해봤을 때 부모가 아이에게 감사의 마음을 기대해도 된다는 근거는 전혀 없다는 것입니다. 루소는 《에밀》에서 이렇게 말했습니다.

아이가 자신을 인식하게 되고, 지난 시절 부모가 자기를 위해 무엇을 했는지 알게 된다면 아이는 어떤 감정을 가지게 될까? 아이가 다른 아이들과 자신을 비교할 줄 알게 되고, 부모를 다른 부모들과 비교할 줄 알게 된다면 아이는 어떤 감정을 가지게 될까?

내가 말하건대 만약 아이가 그것을 알게 된다면, (부모인 당신들 스스로 그것을 발설하지 않도록 조심해야 한다) 만약 당신이 아이에게 그것을 직접 말한다면, 아이는 더는 자신이 느끼는 감정을 인정하려 하지 않을 것이다. 당신이 아이를 아낌없이 보살펴준 것을 가지고 아이에게 순종을 요구한다면, 아이는 당신의 꾐에 빠졌다고 생각한다. 그리고 자신에게 이렇게 말할 것이다. "부모가 나의 동의도 구하지 않고 마음대로 무료 봉사를 해놓고는 이제 와서 그것을 빌미로 내 발목을 잡으려는 거야." 그럼 당신은 헛되이 이렇게 덧붙일 것이다. "우리가 네게 바라는 것은 오로지 네가 잘되는 것뿐이야." 그러나 당신은 언젠가 대가를 요구하게 될 것이다. 그것도 아이의 동의도 구하지 않은 채 아이를 위해 헌신한 모든 일을 근거로 내세우면서 말이다.

한 불쌍한 사람이 있다. 이 세상에 가진 거라고는 아무것도 없는 사람이다. 그래서 사람들이 그의 동의도 구하지 않고 선물이라는 구실로 돈을 모아주었다. 그리고 불쌍한 사람은 그 선물을 받았다. 그렇다면 당신은 이것을 불공정한 거래라고 할 것인가? 그렇다면 당신이 동의도 구하지 않고 벌거숭이 아이를 돌봐준 것에 대해 대가를 바라는 게 공정한 것인가?

자선을 베풀면서 조금이라도 부당 이득을 취하려 한다면 사람들은 베푼 은혜에 감사해하지 않을 것이다. 만약 당신이 당신의 선물을 지금 판다면 나는 가능한 한 값을 깎을 것이다. 그러나 당신이 나중에 제값을 받으려고 지금 선물을 주는 척한다면 그건 사기다. 선물은 아무것도 바라지 않는 마음으로 줄 때 무한한 가치를 발휘한다.

경솔하고 부주의한 행동으로 아이를 잃지 않도록 조심하라. 당신이 아이에게 잘 보이려고 애쓰다 보면 이런 행동을 하게 된다. 아이에게 당신의 헌신을 뽐내게 된다. 아이는 자기를 위해 부모가 희생했다는 말을 견디기 힘들어한다. 아이가 성인으로 대우받는 그 순간까지 아이가 당신에게 무슨 빚을 졌는지 절대 말해서는 안 된다. 대신 아이가 자기 자신에게 무슨 잘못을 하고 있는지만 말해야 한다.

이 말에서 경고하듯이 설교자의 어조만 제외하면—이것은 오늘날의 교육에 관해 충고를 아끼지 않는 많은 책에서 여전히 나타나지만—나는 솔직히 루소의 말이 설득력 있다고 생각합니다. 왜냐하면 나 역시 부모가 아이에게 베풀어준 것에 대해 그 대가를 바라는 것은 부당하다고 생각하기 때문입니다.

부모가 아무런 대가도 바라지 않은 채 베풀었을 때 아이는 순수한 감사의 마음을 갖게 됩니다. 그리고 뜻하지 않은 순간에 감사의 마음을 전해옵니다. 하지만 부모가 이 뜻하지 않은 순간을 기다리는 것조차 루소가 비평한 계산의 논리 속에 들어 있습니다. 아이는 언젠가는 감사의 마음을 표현합니다. 그러나 그것은 부모가 기대하지도 않고 바라지도 않을 때 찾아옵니다. 그리고 이는 예상치 못한 뜻밖의 선물이라 부모는 더욱 감동받고 행복해집니다. 그 순간은 모든 계산의 논리와 원망이 사라지는 순간입니다.

부모가 된다는 것 그 자체가 행복은 아닙니다. 그저 행복으로 만들어가는 것, 그게 부모의 일입니다. 우리에게 매일매일 요구되는 것을 잘 인식하고 묵묵히 수행하다 보면 행복은 저절로 찾아옵니다.

진정으로 남에게 베풀 줄 아는 사람은 더는 감사의 마음을 기대하지 않습니다. 아이가 그릇되지 않은 올바른 사람으로 자라나고 자신의 삶을 스스로 꾸려나가는 사람으로 성장한다면 그거야말로 부모에게 가장 큰 선물이 아닐까요?

단지 무슨 일이 어떻게 될지
조금 알기 위해 인간은 도대체 몇 년 동안이나
아무 일도 하지 않은 채 기다려야 하는 걸까?

— 괴테, 《잠언과 성찰》

8

스쳐가는 생각들

아이를 다루는 것에 대하여

"창조하는 사람은 자신이 어떤 파장을 몰고 오는지 결코 알지 못한다.
그러나 파괴하는 사람은 항상 알고 있다."
— 한스 쿠드스추스*

---

* 한스 쿠드스추스(Hans Kudszus, 1901~1977) 독일의 철학자이자 잠언 작가로, 비평
가들로부터 최고의 찬사를 받았지만 경제적으로는 성공하지 못했다. 주요 잠언록
으로 《긍정과 부정의 언어》《나 자신에 대한 생각》 등이 있다. — 옮긴이

강함

"아이는 강한 손을 필요로 한다." 사람들이 흔히 하는 말입니다. 그러나 이 말이 항상 옳은 것은 아닌 것 같습니다. 어떤 아이는 강한 손을 매일 먹는 빵처럼 오랫동안 필요로 합니다. 또 어떤 아이는 강한 손을 가끔씩만 필요로 합니다. 그리고 강한 손의 도움을 전혀 필요로 하지 않는 아이도 있습니다.

'강한 손'이란 무엇일까요? 아이를 강하게 다루는 것일까요? 그렇다면 '강함'이란 어떤 것일까요?

정말 강한 사람은 으스대지도 않고 남자다움을 과시하지도 않습니다. 정말 강한 사람은 언쟁이나 갈등 상황에서도 마음의 평정을 유지하려고 노력합니다. 그러나 그는 이따금 자신이 흥분할 수 있다는 것도 잘 알고 있습니다. 가령 누군가 일방적으로 자기주장만을 고집하며 이기적인 태도를 심하게 보일 때 말입니다.

정말 강한 사람은 자신의 주장을 굽히고 남의 뜻을 따를 줄 압니다. 그렇지만 자신을 굽혀야 하는 그 이유를 마음속 깊은 곳에서는 혐오합니다. 그 이유란 가능한 한 다른 사람과 티격태격하지 않고 평화로운 상태를 유지하고 싶다는 희망입니다. 정말 강한 사람은 자신의 소망이나 요구 등으로 다른 사람에게 부담을 주지 않습니다. 그리고 자신을 필요로 하는 혹은 자신을 요구하는 상황에서만 다른 사람의 일에 간섭합니다. 그러나 정말 물러설 수 없는 갈등 상황이 벌어지면 자신의 의지를 쉽게 꺾지 않습니다.

정말 강한 사람은 무엇보다도 자신의 약점을 잘 알고 있으며 자신의 약점을 부정하지 않습니다. 그렇다고 드러내놓고 전시하지도 않습니다. 단지 약점과 친구가 되려고 노력합니다. 그래서 정말 강한 사람은 다른 사람의 약점도 관대하게 대합니다.

정말 강한 사람은 아이를 약하다고 보지 않습니다. 물론 아이가 서 있는 기반이 얼마나 불확실한지는 잘 알고 있습니다. 그러나 그는 자신이 서 있는 기반 또한 확실한 게 아니라는 것을 잘 알고 있기 때문에 이 점에서 아이와 자신이 별반 다르지 않다고 생각합니다. 정말 강한 사람은 아이가 자신의 손을 필요로 한다고 확신할 때, 그것도 강한 손을 필요로 한다고 확신할 때 아이에게 손을 뻗칩니다.

정말 강한 사람은 절대 앞에 나서지 않습니다. 그리고 자신의 생각이 옳은지 확신할 수 없을 때에는 한 발 뒤로 물러나 있습니다. 정말 강한 사람은 불필요한 수다와 잡담에 참여하지 않습니다. 이것은 그가 수다의 희생양이 되는 것을 막아줍니다. 그러나 어딘가에서 진정한 비평의 소리가 들려오면 그는 조용히 귀 기울여 듣습니다.

이목과 관심

아이는 늘 부모의 이목과 관심을 필요로 할 수밖에 없습니다. 그러나 결코, 아니 조심스럽게 말해 드문 경우에만 아이 자체가 부모의 이목과 관심의 중앙에 서 있습니다. 부모의 이목과 관심의 중앙에 서 있는 것은 아이가 원하든 원하지 않든 아이를 끊임없이 진단하고 평가하는 것입니다.

그 끊임없는 진단과 평가의 초점이 되는 것은 바로 부모로서 우리가 '두려워하는 부분'입니다. 아이가 잘못하는 것은 없나, 소홀히 하는 것은 없나, 다른 아이들이 다 하는 것을 우리 아이만 못하는 것은 아닌가 하는 두려움 말입니다. 사람들은 대개 '성장'을 낮은 수준에서 높은 수준으로 올라가는 것으로만 생각합니다. 그러나 아이는 '퇴보'를 통해서도 성장합니다. 물론 이 사실을 받아들이기란 부모로서 쉽지 않습니다. 왜냐하면 퇴보를 통한 성장은 아이가 육체적, 정신적 발달 장애나 결핍 또는 질병을 겪으며 성장하는 것이기 때문입니다. 그러나 퇴보를 통한 성장은 더욱 값집니다. 아이가 장애와 어려움을 극복했으니까 말입니다. 우리의 눈높이로 아이들을 진단하고 평가하지 말아야 합니다. 아이들은 저마다 다른 특성과 성장 과정을 갖고 있다는 것을 인정해야 합니다.

오늘날 우리가 직면한 문제는 가족 구성원 모두가 함께 수행할 공통 과제가 없다는 것입니다. 과거에는 가족이 하나의 경제 공동체였습니다. 그래서 가족 구성원 모두가 함께 일하며 공동체의 생존을 돌봐야 하는 공통 과제가 있었습니다. 그러나 오늘날에는 아빠는 가족을 부양하는 사람, 엄마는 집안 살림과 아이를 돌보는 사람, 아이는 잘 먹고 잘 자라고 공부하는 사람으로 역할 분담이 되었습니다. 결국 가족 구성원 모두가 함께 수행할 공통 과제가 사라진 것입니다. 더불어 아이가 부모와 함께하는 시간도 사라졌습니다. 예전처럼 부모와 함께 일하고 함께 배우며 성장하는 것이 불가능해진 것입니다. 대신에 오늘날의 부모는 아이의 성장 과정을 기획하고 조직하고 연출합니다. 아이와 함께하는 시간 대신 물질적, 경제적 풍요를 선사합니다. 그러면서 부모 자신이 걱정하는 부분에 대해서만 아이에게 관심을 쏟습니다. 이런 행동은 아이에게 좋지 않습니다.

한번 생각해봅시다. 내 아이가 다른 아이보다 못한 것은 없나? 혹시 뭔가를 놓치지는 않았을까? 이런 두려움 속에서 아이를 진단하게 되면 과연 아이를 올바르게 평가할 수 있을까요? 이것은 단지 내 아이와 남의 아이를 비교하는 결과만 낳을 뿐입니다. 그러나 아이를 있는 그대로 바라본다면 아이의 타고난 소질과 특징, 남다른 성격을 발견하게 됩니다. 그리고 내 아이가 다른 아이보다 못한 점도 있고 더 나은 점도 있다는 것을 인정하게 됩니다.

현대의 많은 부모들은 아이의 진로를 미리 정해놓습니다. 그러고는 아이가 미래를 얼마나 잘 준비하고 있는지에 온통 관심을 쏟습니다. 이것은 부모가 짜놓은 틀 안에서 아이를 바라보는 것입니다. 이 때문에 아직 발견되지 않은 아이의 잠재력이 그대로 사장되어버릴 수 있습니다. 우리는 지금 현재 아이가 보고 듣고 배워야 할 것에만 관심을 쏟을 수는 없을까요? 아이를 있는 그대로 존중해줄 수는 없을까요? 아이가 자유롭게 자기 힘으로 자신의 삶을 펼쳐나가는 과정을 느긋하게 지켜볼 수는 없을까요?

아이는 관심과 애정을 먹고 자라는 동물입니다. 아이가 부모로부터 관심과 애정을 느끼는 때는 미래에 대해 물질적, 경제적 지원을 받을 때가 아닙니다. 부모가 자신과 함께 시간을 보내며 자신의 진정한 모습을 애정 어린 눈으로 지켜봐줄 때입니다.

기다림

야누시 코르착이 '히스테릭한 기다림'에 대해 말한 적이 있습니다. °

° 야누시 코르착, 《아이를 어떻게 사랑할 것인가》

어른들의 조급한 마음, 특히 천천히 진행되는 아이의 성장 과정을 느긋하게 기다리지 못하는 부모들의 조급한 마음을 지적한 말입니다. 우리 아이의 첫 이는 왜 아직 안 나오지? 우리 아이는 왜 아직 걷지를 못하지? 우리 아이는 왜 아직 말을 못하지?

마리안네 그로네마이어는 "기다림의 시간은 고유한 가치가 없다"라고 말했습니다.* 하지만 이 말은 아무것도 하지 않고 그저 기다리기만 하는 것은 시간 낭비라는 뜻입니다. 현대의 많은 사람들은 속도 경쟁 속에서 기다림의 능력을 상실했습니다. 그러나 세상에는 기다려야만 체험하고 볼 수 있는 것이 많습니다. 특히 아이와 함께하는 삶일 때 더욱 그렇습니다. 아무리 작은 치아라도 우리는 이가 나오기를 기다릴 수밖에 없습니다. 아이의 이가 자라는 속도를, 아이가 육체적·정신적으로 성장하는 속도를 우리 힘으로 빠르게 할 수는 없기 때문입니다.

모든 것에는 나름의 고유한 속도가 있습니다. 그런데도 우리는 예측할 수 없는 것의 속도를 측정하고 속도를 높이려 시도합니다. 그리고 가능한 한 빨리 눈앞에서 그 결과를 보고 싶어 합니다. 이런 태도는 결국 아이에게도 전달됩니다. 오늘날 우리는 이것을 아주 뼈아프

---

* 마리안네 그로네마이어(Marianne Gronemeyer, 1941~), 《마지막 기회로서의 인생》 독일 비스바덴대학교의 교육학과 교수로, 주요 저서에 《항상 새로울 것인가, 영원히 똑같을 것인가》《마지막 기회로서의 인생》 등이 있다. ― 옮긴이

게 체험하고 있습니다. 아이가 자신의 요구나 희망이 조금이라도 늦어지는 것을 참고 기다리지 못하게 되었기 때문입니다. 그런데도 어른들은 그저 요즘 아이들은 성급하고 참을성이 없다고만 비평합니다.

몇몇 예술 분야에서는 아직도 기다림의 미학을 경험할 수 있습니다. 조각품 하나를 완성하기 위해 예술가는 몇 달 동안 나무나 돌조각에 매달려 일합니다. 작업 기간이 오래 걸릴 것을 예상하지만, 그렇다고 정확한 작업 기한을 미리 정해놓지는 않습니다. 재료의 특성이나 만들고자 하는 형태에 따라 작업 기간은 천차만별이 되기 때문입니다. 아무리 수작업에 능한 예술가라도 정확히 언제 작품이 완성될지 예상할 수 없습니다. 재료를 정하고 제작에 돌입하여 작품 형태가 서서히 모습을 드러내면서 자체 동력이 생기기 시작합니다. 하지만 예술가는 작업 속도를 늦추거나 앞당기려고 하지 않습니다. 그저 묵묵히 주어진 속도에 따라 작품을 완성해나갈 뿐입니다.

기다림의 미학이란 기다리는 시간을 참고 견디는 것이 아닙니다. 기다리는 모든 것에는 고유한 시간이 있다는 사실을 인정하는 것입니다. 우리 힘으로는 이들의 도착 시간을 앞당길 수도, 뒤로 미룰 수도 없기 때문입니다.

부모가 아이를 다룰 때도 예술가로부터 배울 점이 많습니다. 기술을 배우라는 말이 아닙니다. 인내와 끈기, 그리고 모든 것에는 고유한 시간이 있다는 자세로 묵묵히 일하는 태도를 배워야 합니다. 예술가가 재료나 작품 특성에 따라 작업 진행 속도를 다르게 생각하듯이, 우리도 아이마다 각자 다른 특성과 성장 속도가 있다는 것을 인정해야 합니다.

기다림은 희망입니다. 우리에게는 기다리는 동안 우리가 개입하지 않아도, 재촉하지 않아도 아이가 잘 자랄 거라는 희망이 있습니다. 1788년에 괴테는 아들과 갈등을 겪던 친구 프리드리히 하인리히 야코비에게 이런 내용의 편지를 보냈습니다.

"나는 항상 자네 아들 게오르크가 잘되기를 바란다네. 그런데 자네 부부한테 좀 불만스러운 점이 있다네. 자네 부부는 늘 아이에게 만족하지 못했어. 아직 한참 더 자라야 할 어린 나뭇잎은 쭈글쭈글하고 주름이 많은 법이라네. 완전히 발달하지 않았으니까. 그런데도 인내심 없이 그 어린잎이 당장 버드나무 잎처럼 매끈해지기를 바란다면 그건 정말 역겨운 일이네."

긴 호흡

빠르게 돌아가는 현대 사회 문화에서는 원하는 모든 것을 가능한 한 빨리 손에 넣으려는 습관이 주도적입니다. 그러나 이런 습관은 아이를 다룰 때 상당히 위험합니다. 아이에게 뭔가 바라는 게 있는 사람이라면 꼭 알아두어야 합니다. 아이는 버튼만 누르면 원하는 것이

툭 튀어나오는 자동판매기 같은 존재가 아닙니다. 부모라면 가끔은 먼 길을 돌아갈 줄도 알아야 합니다. 긴 여정에서 힘든 상황도 극복할 줄 알아야 합니다. 언제든지 원점으로 돌아가 처음부터 다시 시작할 용기도 있어야 합니다. 그리고 때로는 일부러 시간을 끌며 아이가 보내는 암호를 해독하고, 기대하는 행동을 아이에게 강요하지 않을 용기도 있어야 합니다.

코르착은 교육자의 일을 언어학자의 일에 비유하여 말한 적이 있습니다. 교육자가 하는 일은 단지 몇 개 남은 기호들만 가지고, 거의 알려지지 않은 언어로 된 문장 전체를 해독해내는 언어학자의 일과 같다는 것입니다. "아이는 거의 알려지지 않은 언어로 쓰인 책과 같다. 그 책의 몇 장은 찢겨나갔고, 수수께끼 같은 문장들만 가득하다."

칸트의 말에 따르면 아이는 성장하면서 인류 역사 전체를 처음부터 끝까지 체험한다고 합니다. 정원에 있는 나무가 우는 것은 네 살짜리 아이에게는 당연한 일입니다. 그러나 신(神)이 왜 침묵하는지는 도무지 이해할 수 없습니다. 자기가 알고 있는 모든 어른들은 항상 말을 하고 있는데도 말입니다. 또한 사람을 때리면 안 된다는 것은 여섯 살짜리 아이에게는 이해하기 힘든 일입니다.

나무가 우는 것이 아니라 나뭇잎이 떨어지는 거라는 사실을 인간

• 야누시 코르착, 《문법에 대하여》

이 이해하기까지 천 년이라는 세월이 걸렸습니다. 신의 침묵도 마찬가지입니다. 유일신 사상의 초기에는 누구도 신의 존재를 부정하지 않았습니다. 현대에 와서야 신의 존재를 부정하는 사상이 싹트면서 신의 침묵을 당연한 것으로 받아들이기 시작했습니다. 사람을 구타하면 안 된다는 것은 후기 고대 시대에는 철학 교육을 받은 극소수 지성인들에게만 당연한 것이었습니다. 그러나 지금은 모든 이들이 당연하다고 생각합니다. 심지어 법적으로도 금지되어 있습니다. 이렇듯 아이가 태어나 성장할 때까지 천 년의 인류 역사가 우리를 스치고 지나갑니다.

긴 호흡! 이것은 아이가 배움의 과정을 거치는 동안 부모가 반드시 지녀야 할 기본자세입니다. 이 과정을 거치면서 아이가 배우는 것은 학교 공부나 피사 리포트의 내용과는 거리가 먼 것입니다. 또한 학교에서 교과 과정을 가르치는 사람 역시 긴 호흡의 자세를 무시해서는 안 됩니다. 왜냐하면 단지 '1+1=2'를 가르치기만 하는 데에도 엄청난 인내와 체력이 필요하기 때문입니다.

고향

오늘날 직업 세계가 인간에게 요구하는 것은 '이동성'입니다. 그래

---

* 피사 리포트(Pisa Report) OECD가 각국의 주요 교육 영역을 평가하여 발표한 자료이다. ─옮긴이

서 사람들은 경제적인 이유 때문이라면 언제든지 삶의 터전을 옮길 준비가 되어 있어야 합니다. 이것은 아이에게 좋지 않습니다. 아이는 자신이 태어나고 자란 곳에 뿌리를 내립니다. 현대의 어른들 세계에서 유행하는 유목민 생활이 아이에게는 너무 낯섭니다.

직업 세계의 강요를 근본적으로 다시 생각해볼 필요가 있습니다. 이제 고향은 자신이 소속되어 있다고 느끼는 곳이 되었습니다. 그래서 사람들은 스스로 고향을 새로 만들어나갑니다. 원만한 사회생활을 통해서, 화목한 가정생활을 통해서, 그리고 동네 이웃과 친하게 지내고 학교 친구와 돈독한 우정을 맺으면서.

고향은 '모빙'*이 일어나지 않는 곳입니다. 언제라도 돌아가고 싶은 곳입니다. 그곳에서는 "절대 약한 모습을 보여서는 안 돼!"라는 직업 세계의 힘든 규율이 적용되지 않습니다. 그곳은 악의, 무관심, 냉대, 남을 헐뜯는 대화가 없는 곳이기 때문입니다. 마음껏 뛰어놀며 풍성해질 수 있는 곳이기 때문입니다. 이것이 고향입니다.

물론 집을 새로 짓는 데 건축학적인 문제는 없습니다. 건축학이 우리에게 제공하는 것은 확실한 담장, 든든한 바닥, 견고한 지붕, 즉 안전과 보호와 안락함이니까요. 그러나 고향이 우리에게 선사하는 안락함이란 안정적인 삶의 리듬, 서두를 필요 없이 천천히 앞과 뒤를

* 모빙(Mobbing) 집단 따돌림 현상

돌아볼 수 있는 여유, 일상적인 것에 대한 흥미와 관심 그리고 느긋함과 고요함입니다.

이런 안락함을 느낄 수 있는 곳이라면 어디든지 고향이 될 수 있습니다. 그러나 자신이 태어나고 자란 곳에 뿌리를 내리는 아이는 이사를 할 때마다 자신의 뿌리가 송두리째 잘려나가는 아픔을 겪게 됩니다. 아이는 아직 세상에 익숙지 않은 존재이기 때문에 어른들처럼 익숙해진 곳을 떠나 새로운 곳에 정착하는 능력이 없습니다. 그래서 새로운 환경과 새로운 친구, 새로운 학교에 잘 적응하지 못하는 것입니다. 이것은 아이가 어느 정도 성장할 때까지 계속됩니다.

아이와 똑같은 이유에서 우리 어른들도 태어나 처음 뿌리내린 곳에 묘한 향수를 느낍니다. 이동성이 안고 있는 문제에 대해 깊이 생각해본 사람이라면 잦은 이사가 아이에게 어떤 영향을 미치는지 잘 알고 있을 것입니다. 그리고 직업 세계의 요구에 무조건 복종하지 말아야 한다는 것도 잘 알 것입니다.

예수의 십자가

"두 사람의 길이 만나 십자가의 가시밭길을 이루노라." 한스 쿠드스추스가 한 말입니다. 이 문장은 격언처럼 짧지만, 인간과 인산 사

● 한스 쿠드스추스, 《예─아니오》

이의 관계를 날카롭게 묘사하고 있습니다. 즉, 두 사람의 인생이 만나면 서로 조화롭게 나란히 가지를 못하고 십자가처럼 어긋난다는 것입니다. 이런 어긋난 만남은 서로에게 상처가 됩니다. 이는 부모와 아이의 관계에서도 예외는 아닙니다. 제아무리 많은 교육 이론이 아이와의 관계를 아름다운 우화와 조화로움의 맹세로 치장하고 있더라도 말입니다.

인간은 상처받기도 하지만 다른 사람에게 상처를 주기도 하는 존재입니다. 이 사실은 우리 모두 부인하지 못합니다. 예지 레츠가 이런 말을 했습니다. "인간은 만물의 가시 면류관이다."● 그만큼 인간은 다른 사람에게 상처를 주는 존재라는 뜻입니다.

이제 우리는 현대의 교육 전문가들이 말하는 아름다운 희망의 소리와 결별하고 좀 더 현실적이고 공감할 수 있는 부모와 아이 사이의 관계를 받아들여야 합니다. 아이와 함께 사는 좋은 삶이란 갈등 없는 조화로운 삶이 아닙니다. 사람과 사람이 만나면 서로 갈등을 겪는 게 당연합니다. 아이와 함께 살다 보면 서로 갈등도 겪고 서로 상처를 입히기도 합니다. 하지만 그것이 아무리 험한 가시밭길이라 해도 부모라면 아이를 바른 길로 인도해야 하지 않을까요? 그리고

● 예지 레츠(Jerzy Lec, 1909~1966), 《다듬어지지 않은 생각》
폴란드의 잠언 작가로, 주요 작품에 《어느 냉소주의자의 산책》《인생은 한 편의 농담시(詩)》《다듬어지지 않은 생각》《지명 수배서》 등이 있다. — 옮긴이

그게 진정으로 아이와 함께 사는 삶이 아닐까요?

정치

몇 년 전부터 이 나라에서는 똑같은 상황이 반복해서 연출되고 있습니다. 그리고 그 상황은 항상 세 단계로 나타납니다.

- **1단계** 뭔가 끔찍한 일(살인, 학살, 학대, 음란 행위 등)이 일어난다. 아동이나 청소년이 연루된 사건이기 때문에 교육적인 관점에서 분석을 시작한다.
- **2단계** 교육 전문가들과 정계 인사들이 카메라 앞에 모여 앉아 왜 이런 끔찍한 일이 일어날 수 있었는지에 대해 열띤 토론을 벌인다. 그리고 누구나 다 아는 일반적인 위기 상황을 주요 원인으로 지목하고 책임 소재를 밝힌다. 부모의 교육 의식이 현저히 낮아지고 있고, 국가는 맡은 바 소임을 다하지 못하고 있으며, 학교 선생님도 자신의 본분을 못 지키고 있다고 결론 내린다.
- **3단계** 이렇게 책임 소재를 밝힌 다음, 토론은 아무런 실질적 효과도 발휘하지 못하고 잊혀버린다. 다음번 참사가 발생할 때까지!

일반적인 교육 상황에서 정치인들이 과연 무엇을 변화시킬 수 있을지 의문입니다. 그들은 거창한 말을 늘어놓으며 대대적인 변화를 추구하겠다고 합니다. 심지어 교육 연맹에서는 전략적인 교육 대변혁을 시행하겠다고 선포합니다. 하지만 그들은 깊이 생각해보지도 않고 '천연 자원 교육'을 떠들어댑니다.[*] 천연 자원이라니! 우리 아이들이 무슨 석탄이나 시멘트, 석유라도 된다는 말인가? 아이는 물질이 아닙니다. 살아 있는 인간입니다. 물론 그들의 의도는 이해합니다. 가공되지 않은 천연 자원 같은 아이들을 잘 교육하고 다듬어야 한다는 의미일 것입니다. 하지만 교육 정책에 경제 용어를 도입한 것부터가 정치인들의 교육관을 말해줍니다.

한 정치 지도자가 말했습니다. "교육 정책은 정부 정책에서 1순위를 차지해야 한다." 그리고 이렇게 덧붙였습니다. "난방과 급식을 제공하는 학교로는 충분하지 않다. 질 높고 가치 있는 교육적 공헌이 오후에도 시행되어야 한다." 그런데 그는 그러한 요구를 실행할 수 있는 방도를 혼자만 간직한 채 우리에게 알려주지 않았습니다. 틀림없이 이 정치가는 한 무리의 아이들과 오후를 함께 있어본 경험이 없을 것입니다. 만약 그가 '질 높고 가치 있는 교육적 공헌'이 무엇인지 알려주었더라면, 그렇게까지 대중의 반발을 사지는 않았을 것

* 귀도 베스터벨레(Guido Westerwelle, 1961~2016), 《독일 학교에 가고 싶은 사람은 독일어를 배울 수 있어야 한다》
독일 정치가. 2006년 독일 자유민주당(FDP) 총재 역임 시절 한국을 방문했을 때 "정치에 무관심한 젊은 세대의 참여를 끌어내기 위해서는 정치인이 젊은이들의 언어로 말할 수 있어야 한다"고 말했다. 독일 '청년 자유주의 협회'의 창단 멤버이기도 하다. ─ 옮긴이

입니다. 이곳 독일에서는 오전 수업만 합니다. 그리고 교사는 오후에 다음 날 수업 준비를 합니다. 그런데 교사가 오후에도 교육적 공헌을 하느라 다음 날 수업을 준비할 수 없게 된다면, 아이들은 오히려 정규 수업에서 질 낮은 교육을 받게 될 것입니다. 정치가는 멋지게 무대에 올라가 교육에 대해 몇 시간씩 막힘없이 술술 이야기할 수 있습니다. 그러나 바로 그 점이 공개 석상에서 진행되는 토론의 문제점입니다. 현실 상황과는 유리된, 현실을 가슴으로 느끼지 못하는 정계 인사들이 단지 자신을 돋보이게 하려고 무대에서 연출을 하기 때문입니다. 오후 내내 아이들과 씨름하면서도 이성을 잃지 않고 아이들을 다룰 수 있으려면, 어떤 힘이 필요한지에 대해 이 정치가가 단 한순간이라도 생각해본 적이 있었을까요? 만약 그랬다면 그는 좀 더 조심스럽게 자신의 주장을 내세웠을 것입니다.

정치계의 누군가가 교육 상황에 대해 변화와 개선을 약속하고 싶다면 먼저 인내심을 가져야 합니다. 오랜 시간 심사숙고해야 합니다. 그리고 단시일 내에 변하는 것은 아무것도 없다는 것을 잊지 말아야 합니다. 특히 국고가 넉넉지 못한 상황이라면 더욱 그렇습니다. 만약 정치계 인사들이 오랜 시간 심사숙고해보지도 않은 채 '천연 자원 교육'을 긍정적으로 받아들여, 소위 교육 개혁을 단행하겠다고 한다면 학부모와 교사들의 대대적인 저항이 뒤따르게 될 것입니다. "우리 아이들은 물질이 아니다. 살아 있는 인간이다. 아이들을 경제적인 개념으로 바라보지 마라!"

경작지 피해

프로그램화된 수업, 일대일 대화식 수업, 그룹별 학습 활동, 놀이를 통한 수학 연산 문제 풀기, 양질의 교육을 보장하는 교과 과정, 기능별 학교 분리(실업고, 인문고 등), 논리적인 사고력 증진 전략, 교과 교육론 및 교수 방법론의 개혁, 사회적 관심사의 다양화, 자본주의에 적합한 사고방식 함양, 사회적 동화를 위한 훈련, 인력 배출 현황, 고급 인력 배출을 위한 전략, 교육 투자의 수익 창출 이론……

언제쯤에나 사람들이 이런 단어들을 잊어버리게 될까요? 우리가 안고 있는 가장 어려운, 가장 아름다운 과제를 묘사하는 이 끔찍한 단어들을.

힘든 일을 감당하는 능력

괴테는 자기 자서전의 서두에서 아테네의 극작가 메난드로스*의 문장을 자신의 좌우명으로 인용했습니다. "혹사당하지 않은 사람은 교육받지 못한다." 이 문장은 발표되던 당시보다 오늘날에 사람들을 더 경악시키고 있습니다. 아마도 괴테는 후세 사람들이 이 좌우명에

* 메난드로스(Menandros, BC 342~BC 292) 고대 그리스의 희곡 작가로, 아테네 시민의 일상을 소재로 한 연애 중심의 희곡을 썼다. 그의 희곡은 후세에 로마 희곡의 표준이 되었다. 현존하는 그의 작품 중 완전한 것으로는 《까다로운 성격자》가 유일하다. ―옮긴이

어떻게 반응할지 미리 알았던 것 같습니다. 그래서 자신의 글 대신 고대 그리스인의 문장을 인용하지 않았을까요?

어쨌든 이 문장에 담긴 견해는 교육이란 자유의 억압, 체념, 포기, 어려운 시험으로 가득 찬 '혹독한 학교'와 같다는 것입니다. 그리고 인간은 이런 교육 방법을 통해서만 자기 자신을 깨닫게 되고 자기 모습을 있는 그대로 인정하게 된다는 것입니다. 아울러 '나는 원래 이런 사람이야. 나는 다른 사람이 될 수 없어'라는 체념에서 벗어나 자신의 초라한 모습을 극복하게 된다는 것입니다.

그러나 괴테 시절 이후 교육의 분위기는 완전히 바뀌었습니다. 니체는 《짜라투스트라는 이렇게 말했다》에서 이런 세계의 변화를 예견했습니다. "최후의 인간은 살기 힘든 지역을 떠났다." 하지만 짜라투스트라는 이 지역을 떠나는 것이 오히려 인간에게 손해라는 것을 사람들에게 설득하지 않았습니다.

오늘날의 비평가들은 더 이상 아이들이 힘든 일을 감당하지 못하고 아주 작은 일에도 주저앉으며, 다른 사람의 요구는 아예 받아들이려 하지 않는다고 비평합니다. 그러나 이런 비평은 아이들의 그런 태도가 사회 분위기에서 파생된 거라는 사실을 간과한 것입니다. 현대는 인간의 사고력을 약화시키는 미디어의 세상입니다.* 미디어는 생생한 그림과 함께 모든 정보를 적나라하게 보여주기 때문에 뭔가를 얻어내기 위해 굳이 힘들게 생각해볼 필요가 없습니다. 예전에는 책을 통해 정보를 접할 때 그림 없이 문자로만 전달되는 내용을 이해하기 위해 많이 생각해야만 했습니다. 그래서 상상력을 동원하여 머릿속에서 직접 그림을 그려보고는 했습니다. (문학 작품이 영화화되었을 때 많은 사람들이 실망하는 이유가 여기에 있습니다. 자신이 상상한 그림과 영화 속 그림이 맞지 않기 때문입니다.) 그러나 오늘날의 아이들은 상상력과 사고력을 동원하여 뭔가를 힘들게 생각해서 얻어낼 일이 없습니다. 미디어가 다 보여주기 때문입니다.

아이가 힘든 일을 감당하는 능력을 기르기 위해서는 먼저 유아기 시절의 자기중심주의에서 벗어나야 합니다. 그러나 아이가 스스로 생각하는 것에 익숙하지 않다면 어떻게 자기중심적인 사고방식에서 벗어날 수 있을까요? 그래서 아이 교육에서 가장 핵심적인 문제는 아이가 자기중심적인 사고방식에서 탈피할 수 있도록 부모가 도와주는 것입니다.

이것을 기억하는 부모라면 자신이 편하려고 아이에게 텔레비전이나 비디오를 보여주고, 게임이나 오락, 컴퓨터로 시간을 보내게 하지는 않을 것입니다. 오히려 재미만을 추구하지 않는 다른 삶을 보

---

* 페터 슬로터다이크(Peter Sloterdijk, 1947~), 《낯선 세상》
  독일의 괴짜 철학자이자 문화학자로, 에세이를 집필하기도 하고 방송국 사회자로 활동하기도 한다. 철학 저서로 《냉소적 이성 비판》, 산문집으로 《신의 질투》 등이 있다. — 옮긴이

여줄 것입니다. 진지하고 힘들게 생각해서 답을 구해야 하는 환경을 만들어줄 것입니다. 그러나 여기서 중요한 것은 그렇게 하고자 하는 부모는 자신과의 싸움을 두려워하지 말고 자신이 먼저 힘든 일을 감당하는 능력을 발휘해야 한다는 사실입니다.

권위

오늘날 더는 존재하지 않거나 아주 옹색한 형태로 남아 있는 게 있다면, 그것은 아마도 '권위'일 것입니다. 이제 권위는 관공서에서조차 찾아보기 힘듭니다. 어떤 판사에게도 판사로서의 과제를 수행하기 위한 권위가 주어지지 않습니다. 어떤 의사에게도 의사로서의 과제를 수행하기 위한 권위가 주어지지 않습니다. 어떤 선생님에게도 선생님으로서의 과제를 수행하기 위한 권위가 주어지지 않습니다. 마찬가지로 어떤 부모에게도 부모로서의 과제를 수행하기 위한 권위가 주어지지 않습니다.

이런 현상은 오히려 상황을 복잡하게 만들고 인간마저 불확실하게 만들었습니다. 이 순간, 단지 수업 진행을 위해 수업 시간 내내 아이들과 힘겨운 줄다리기를 벌이고 있는 선생님들의 모습이 떠오릅니다.

또한 상황을 더욱 심각하게 만들기도 했습니다. 권위가 사라지면서 예전에 권위로 해결했던 문제들이 다시 출몰했기 때문입니다. 그러나 사람들은 권위 없이 그 문제를 해결할 방법을 아직 모릅니다.

아이가 권위를 경험하지 못한다면 어떤 문장, 어떤 단어, 어떤 매서운 눈초리도 아이에게 영향력을 발휘하지 못합니다. 그렇다면 '권위'란 무엇일까요? 어디에서 오는 것일까요?

권위는 아이와의 힘들고 끈질긴 매일매일의 신경전 속에서 얻어집니다. 하지만 권위가 항상 보장되는 것은 아닙니다. 권위 있는 사람은 아이의 행동을 묵묵히 지켜보다가 적절한 순간에 아이의 행동을 제어할 줄 압니다. 권위 있는 사람은 아이와 갈등의 순간이 다가오는 것을 감지하면 갈등이 고조되기 전에 "그만!" 하고 말합니다. 그리고 이것이 오히려 극한 갈등 상황을 미리 막아줍니다.

내 친구 중에 경험이 풍부한 요트 선장이 있습니다. 그는 거센 폭풍우를 뚫고 항해한 경험이 많습니다. 이 친구는 항해가 안정된 상태에 들어가면 말이 거의 없습니다. 그저 자기 자리에 묵묵히 앉아 가끔 바다를 한 번 쳐다보고 하늘을 한 번 쳐다봅니다. 그러고는 시계와 돛으로 시선을 돌립니다. 그 외에는 읽고 있는 책에 열중할 뿐입니다. 그러나 함께 항해하는 사람들은 이런 분위기 속에서 안정감을 느낍니다. 그가 아무 일도 하지 않고 그저 말없이 앉아 있기만 하는데도 말입니다.

권위란 이런 게 아닐까요? 그 사람이 나를 묵묵히 지켜봐주고 있다는 느낌! 안정된 분위기 속에서 명령으로 지시하지 않고 침묵으로 지시하는 것! 그러나 폭풍우가 몰아치고 배가 위험한 상황에 빠지면 내 친구 요트 선장은 다른 자세를 취합니다. 전력을 다해 온몸을 바삐 움직이며 결정적인 순간마다 올바른 지시를 내립니다.

존재

아달베르트 슈티프터[*]의 소설 《늦여름》에서는 한 젊은 남자가 어떤 가족으로부터 자기네 집에 와달라는 제안을 받습니다. 그 가족은 아이를 교육할 사람을 찾고 있었는데 그 젊은 남자가 지원을 했기 때문입니다. 아이의 엄마는 다른 지원자들과 마찬가지로 그 젊은 남자와 아이 교육에 대해 이야기를 나눴습니다. 그리고 아이를 소개했습니다. "이 아이예요. 이 아이 때문에 선생님을 모셔온 겁니다." 아이 엄마가 말했습니다. "선생님은 가능한 한 수업을 적게 해주세요. 수업은 집에 오는 다른 선생님이 할 겁니다. 대신 제가 선생님께 바라는 것은 우리 집에 머물면서 우리 아들에게 선생님의 세상을 나눠주라는 겁니다. 아이가 아버지 외에 자신에게 영향을 줄 수 있는 다른 젊은 남자와 교류할 수 있도록 말이죠."

[*] 아달베르트 슈티프터(Adalbert Stifter, 1805~1868) 오스트리아의 소설가로, 괴테의 전통을 계승한 독특한 이상주의를 전개했다. 주요 작품으로 《여러 가지 돌》 《늦여름》 《비티코》 등이 있다. ─ 옮긴이

이런 희망 사항에 이어 아이의 엄마는 자신의 교육관에 대해 말했습니다. "교육은 다름이 아니라 상대방과 교류하는 것입니다. 수업은 교육보다 훨씬 쉽습니다. 수업을 위해서라면 뭔가를 알고 있고 그걸 전달할 능력만 있으면 됩니다. 그러나 교육을 위해서라면 교육하는 사람 자신이 뭔가가 되어야 합니다. 자신만의 고유한 생각과 원칙, 개성을 지닌 그런 사람 말입니다. 그런 사람은 자신의 존재만으로도 다른 사람에게 영향을 미칩니다. 제 생각에 한 번이라도 그런 존재가 되어본 적이 있는 사람이라면, 그 사람 역시 쉽게 다른 사람을 교육할 수 있습니다."

확고함

공식 석상에서 사람들이 모여 앉아 교육에 대해 말할 때, 꼭 나오는 서넛 문장들이 있습니다. 그중 하나가 "확고한 태도를 보여야 해! 그게 교육의 핵심이야!"라는 문장입니다.

이 문장에서 나는 뭔가 위협적인 느낌을 받았습니다. 그리고 많은 의문이 떠올랐습니다. 확고한 태도와 고집·독선 사이에는 과연 어떤 차이가 있을까요? 어떤 상황에서든 확고한 태도를 유지하는 게 과연 바람직할까요? 확고한 태도에 대해 니체가 한 번 지나가듯이 경고한 적이 있습니다. "진실은 아직 스스로 확고함의 팔에 매달리지 않았다." 이 말은 완전히 확고한 진실은 세상에 없다는 뜻입니다.

'확고함'이란 무엇일까요? 확고하다는 것은 우선 진지하다는 뜻입니다. 자신이 말한 것을 지킨다는 뜻입니다. 그래서 뭔가를 금지하겠다고 마음먹은 사람은 제대로 금지해야 합니다. 그냥 한 번 내뱉어보는 말이 되어서는 결코 안 됩니다. 만약 어떤 저항에 부딪혀 금지했던 사항을 다시 허용한다면 그것은 확고한 태도를 유지하는 게 아닙니다. 그것은 금지한 사항을 그만큼 진지하게 여기지 않았다는 것을 의미합니다. 아이는 이것을 정확히 눈치챕니다. 자신에게 뭔가를 금지한 사람이 확고한 태도를 유지하지 못해 금지했던 사항을 한 번이라도 허용하면, 그것이 앞으로도 계속해서 허용된다는 것을 말입니다. 그리고 여기에서부터 결실 없는 주도권 싸움이 시작됩니다.

엄마　（평상시 어조로） 마르셀, 이제 가자.

마르셀　（엄마 말에 귀 기울이지 않고 쇼핑센터 계산대 앞에 꼼짝 않고 서서 진열된 상품만 쳐다본다.）

엄마　（좀 날카로운 어조로） 마르셀, 이제 가자니까!

마르셀　（계산대 앞 바구니에 있는 초콜릿과 사탕을 만지작거린다.）

엄마　（더 날카로운 어조로） 마르셀! 이제 그만하고 가!

마르셀　（완전히 자기 세계에 빠져 있다.）

엄마　（소리치기 일보 직전의 목소리로） 너 당장 안 오면 혼날 줄 알아!

마르셀　（반응이 없다.）

엄마　（지친 듯이） 어서 와. 안 그러면 엄마 혼자 간다.

마르셀은 듣지 않았고 엄마는 혼자 갔습니다. 그러나 잠시 후 엄마는 다시 돌아왔습니다. 그리고 상대방의 묵묵부답 속에 이루어졌던 이 주도권 싸움은 처음부터 다시 시작됩니다.

헤겔의 말에 따르면, 아이가 이런 경우를 하루에 두세 번씩 경험하게 되면 자기중심적인 태도가 아이의 내부에 둥지를 튼다고 합니다. 라인하르트 렘프는 이와 관련하여 '자폐증적 행동 구조'에 대해 언급한 바 있습니다. 그의 말에 따르면 이런 행동 구조는 거듭되는 확고하지 못한 태도 때문에 생겨난다는 것입니다.

그러므로 뭔가를 금지하겠다고 마음먹은 사람은 그 금지 사항을 어떻게 유지할지 알고 있어야 합니다. 그렇지 않다면 "금지한다!"라는 말을 처음부터 하지 않는 게 좋습니다. 아이는 누구를 진지하게 대해야 하고, 누구를 진지하게 대하지 않아도 되는지 아주 정확하게 알아차리기 때문입니다.

그렇다면 어떤 경우, 어떤 상황을 막론하고 확고한 태도를 유지하는 게 좋은 걸까요? 나의 대답은 "아니요"입니다. 상황에 따라 마음

---

* 라인하르트 렘프(Reinhart Lempp, 1923~2012), 《자폐증을 앓는 사회》
  튀빙겐 대학병원의 아동·청소년 정신의학과 과장으로 일했으며, 독일 아동·청소년 심리학회 회장을 역임했다. 주요 저서로《자신을 관찰하는 능력의 상실 ─ 발달 심리학이 해명하는 정신분열증과 자폐증》등이 있다. ─ 옮긴이

이 약해졌다가도 정말 진지해야 하는 상황이 닥치면 흔들리던 마음을 바로잡는 게 가장 좋은 태도입니다. 상황에 관계없이 무조건 강요와 금지를 내세우는 것은 고집과 독선으로 이어질 가능성이 큽니다. 그런 태도는 신중하게 생각해서 결정 내린 확고한 태도와는 전혀 별개의 것입니다.

시간

누구도 신뢰를 급조해낼 수 없습니다. 신뢰는 서서히 쌓이는 것입니다. 누구도 관심을 유발할 수 없습니다. 관심은 생겨나는 것입니다. 누구도 우정을 고안해낼 수 없습니다. 우정은 자라나는 것입니다. 서서히 시간과 함께.

그렇다면 가만히 손 놓고 앉아서 신뢰, 관심, 우정이 저절로 생겨나기만을 기다리면 되는 걸까요? 그것은 전혀 아닙니다. 이런 중요한 것들이 싹트려면 무엇보다도 비옥한 토양이 필요합니다. 신뢰, 관심, 우정이 싹틀 수 있는 비옥한 토양은 눈에 잘 띄지 않는, 하루하루의 수많은 작은 행동들 속에서 생겨납니다. 그리고 이런 행동들이 하루하루 쌓이면서 비옥한 토양이 다져지고, 그 위에서 신뢰, 관심, 우정이 싹트게 됩니다. 그러므로 우리가 해야 할 일은 행동 하나하나를 조심스럽게 가꿔나가는 것입니다.

경계선

"아이에게는 경계선이 필요하다!" 요즘 교육계에 다시 울려 퍼지는 말입니다. 모두가 마치 위대한 발견이라도 한 양 말하고 있습니다. 아마도 사람들이 반권위주의의 잠에서 깨어나 눈을 떠보니 걷잡을 수 없는 자유의 물결이 범람하고 있었나 봅니다.

물론 아이에게는 경계선이 필요합니다. 마찬가지로 모든 인간에게도 제멋대로주의에 빠지지 않기 위해 경계선이 필요합니다. 괴테 시대 사람들은 이것을 '자기 규제'라고 불렀습니다. 이것은 오랜 배움의 과정 끝에 터득되는 것입니다. 많은 젊은이들이 배움을 통해 자기 행동에 대해 한계를 정하고 자신을 규제합니다.

하지만 아이에게 자기 규제를 바라는 것은 무리한 요구입니다. 아이는 자기가 먹고 싶은 아이스크림의 종류를 정할 수 있고, 나름대로 컴퓨터 게임 전문가로서 자기에게 적당한 게임을 정할 수 있습니다. 그러나 '해도 되는 일'과 '해서는 안 되는 일' 사이의 경계선을 정하는 것은 일반적으로 아이의 능력을 넘어서는 일입니다. 따라서 경계선을 정하는 것은 어른들의 과제입니다. 그런데 기존의 도덕과 관습이 해체된 오늘날의 생활환경에서 이것은 어른들에게 가장 힘든 과제입니다. 왜냐하면 어른들 자신이 스스로 새로운 경계선을 발견하고 만들어야 하기 때문입니다.

경계선은 이중적입니다. 어느 것은 허용하면서 동시에 어느 것은 허용하지 않습니다. 아이는 허용된 범위 안에서는 맘껏 뛰어놀아도 되지만, 경계선을 넘는 행동을 해서는 절대 안 됩니다. 이러한 경계선은 부모와 아이 모두에게 안전과 신뢰를 보장합니다. 경계선 안에서 부모는 안심하고 아이에게 모든 것을 맡기고 스스로 알아서 하도록 내버려둘 수 있습니다. 아이 역시 경계선만 넘지 않으면 된다는 것을 믿고 그 안에서 마음껏 상상의 나래를 펼치며 자기만의 세계를 넓혀갈 수 있습니다. 이렇게 경계선은 부모와 아이 사이에 신뢰와 구속력을 만들어줍니다.

경계선은 만들기는 매우 어렵지만, 아이와 함께 좋은 공동체 생활을 꾸려나가게 하는 유력한 수단입니다. 아이에게 경계선을 만들어주는 사람은 아이에게 절대 군주처럼 행동하지 않습니다. 경계선 안에서는 아이가 맘껏 자유를 누리도록 보장해줍니다. 이것은 아이의 발전을 위해 매우 중요합니다. 아이가 한계를 모르고 제멋대로인 것도 문제지만 지나치게 언행의 규제를 받아 자신을 펼쳐 보이지 못하는 것도 문제이기 때문입니다. 또한 유아기 아이에게 적용하는 경계선과 열 살짜리 아이에게 적용하는 경계선은 달라야 합니다. 따라서 부모는 경계선을 그었다가도 적당한 시기가 되면 경계선을 풀어 허용 범위를 확장하고 보완해주어야 합니다. 그러나 이것은 사실 몹시 어려운 문제입니다. 현대에는 누구도 부모에게 새로운 규범을 제시해주지 않기 때문입니다.

210

언어

오늘날 많은 부모들이 도대체 무슨 근거로 아이의 황폐화된 언행을 그냥 참고 견디는지 정말 의아스럽습니다. 언어는 인간 내면의 생각과 마음을 표현하는 수단입니다. 따라서 아이의 언행이 황폐화되었다는 것은 그만큼 아이의 내면세계가 황폐화되었다는 의미입니다. 즉, 아이의 거칠고 무례한 언행은 다른 사람을 존중하지 않는 아이의 내면세계를 대변합니다. 예를 들어, 아이가 엄마에게 욕을 했다면 그것은 아이가 엄마를 존중하지 않는다는 표시입니다. 아울러 엄마도 아이 교육에 필요한 통제권을 상실했다는 의미입니다.

도덕 교육은 궁극적으로 언어 순화 교육입니다. 부모가 아이의 첫 번째 무례한 언행을 그냥 지나치게 되면 아이는 제2, 제3의 무례한 언행을 범하게 됩니다. 그러다 보면 아이의 거친 언행은 걷잡을 수 없는 길로 빠지게 됩니다.

언어에는 사물이나 사람을 평가하는 단어가 있습니다. 특히 배설물과 관련된 단어는 뭔가를 그만큼 경시할 때 쓰는 단어입니다. 아이가 이런 단어를 입에 올렸다면 그것은 이미 아이 마음속에 사람이나 사물을 경시하는 태도가 생겼다는 것을 의미합니다. 이에 대해 부모가 아무런 제재도 가하지 않는다면 아이는 계속해서 남을 경시하는 마음을 가지게 됩니다.

공평함

부모의 이목이 집중되는 데에는 우선순위가 있습니다. 1순위를 차지하는 것은 물론 내 아이입니다. 모든 애정과 관심이 내 아이에게만 집중됩니다. 그리고 오랫동안 부모의 눈에는 아무것도 들어오지 않습니다.

그다음에는 이웃집 아이들과 친척집 아이들이 2순위로 눈에 들어옵니다. 부모는 이 아이들의 이름을 일일이 다 기억하지 못하지만 그들의 존재만큼은 또렷하게 인식합니다. 내 아이의 사촌 여동생, 내 아이의 사촌형, 내 아이의 소꿉친구로.

시간이 흘러 아이의 친구들이 3순위로 시야에 들어옵니다. 부모의 시야는 넓어졌지만 변하지 않는 게 있습니다. 그것은 바로 내 아이가 언제나 1순위를 차지한다는 것입니다.

이렇게 부모의 눈과 귀가 자기 아이에게만 집중되는 것은 부모의 본능입니다. 부모는 자기 아이를 언제나 1순위로 둘 수밖에 없습니다. 괴테의 《파우스트》에 나오는 악마가 조롱하듯이 피는 물보다 신하기 때문입니다. 그러나 이런 편협한 시각 때문에 부모는 불공평한 일을 저지르게 됩니다. 니체는 자식에 대한 눈먼 사랑을 비판하는 글에서 이런 말로 우리를 일깨우고 있습니다. "가장 멀리 있는 사람이 너희의 눈먼 자식 사랑에 대한 대가를 치러야 한다."

부모가 자기 아이를 1순위로 두는 시각에서 벗어나기는 어렵습니다. 그러나 아이가 자라면서 다른 아이들과 사회적 관계를 맺어나갈 때, 아이는 부모인 우리의 이런 편협한 시각을 이해하지 못합니다. 우리가 다른 아이들을 불공평하게 대한다고 생각합니다. 그리고 다른 아이들 역시 자신들은 우리에게 1순위가 아니라는 것을 정확하게 감지합니다. 그 아이들이 우리의 편협한 시각을 어떻게 생각하는지는 굳이 말로 하지 않아도 느낄 수 있습니다. 이런 일이 일어나는 경우는 무수히 많습니다.

나는 부모들이 이러한 내적 갈등에서 벗어날 수 있을지 의심스럽습니다. 팔이 안으로 굽지 밖으로 굽겠는가! 내 아이와 남의 아이를 불공평하게 대하는 이런 문제를 개선하려면, 먼저 가족 스스로 이기주의를 버려야 합니다. 이것은 우리가 나만의 삶의 울타리에서 벗어나 다른 사람을 이해하고 다른 사람의 입장을 헤아릴 줄 아는 부모가 되는 데 도움이 됩니다.

부모가 된다는 것

— 수잔네에게 바침

우리는 손에 손을 잡고
고난과 기쁨을 통과해왔다.
방황에서 돌아와 우리 둘은
이제 고요의 나라에서 쉬고 있다.

주위를 둘러싼 사방의 계곡들이 기울어진다.
이미 대기가 어두워지고 있다.
종달새 두 마리만이
꿈을 좇듯 옅은 안개 속으로 날아오른다.

이리로 오라, 그리고 힘차게 날갯짓하여라.

이제 곧 자야 할 시간이다.

이 고독 속에서

우리가 길을 잃지 않기를…….

— 요세프 폰 아이헨도르프,* 〈저녁노을 속에서〉

* 요세프 폰 아이헨도르프(Joseph von Eichendorff, 1788~1857) 독일 후기 낭만파 시인이자 소설가로, 향토색 짙은 많은 서정시를 남겨 '독일의 숲의 시인'이라 불린다. 주요 작품으로 《어느 건달의 생활》《희곡 사고》《독일 문학 시사》 등이 있다. — 옮긴이

옮긴이의 말

우리 인생에서 첫아이가 탄생하는 순간보다 더 경이로운 순간은 없을 것이다. 그래서 예비 부모들은 설렘과 흥분 속에서 10개월을 보낸다. 동시에 아이가 태어나면 지금까지와는 전혀 다른 삶이 펼쳐지리라 예상한다. 이것을 생각하면 약간 두려움이 앞서기도 한다. 아이가 부모의 인생에 어떤 변화를 가져올지 도무지 짐작이 안 가기 때문이다. 또한 인간이 다른 한 인간의 성장 과정을 책임진다는 것이 그리 가벼운 삶의 과제는 아니기 때문이다.

몇 년 전에 임신 중이었던 한 친구가 내게 이런 말을 했다. "저번 주말에 남편이랑 서점에 갔었어. 아이가 내 인생에 어떤 변화를 가져오는지, 아이가 내 인생에서 차지하는 의미는 무엇인지, 부모가 된다는 게 과연 어떤 것인지, 앞으로 한 인간으로서, 한 아이의 부모로서 어떤 마음가짐으로 살아가야 할지 이런 것들이 궁금해지더라고. 근데 출산에서부터 육아, 아동, 청소년에 이르기까지 아이를 기르고 교육하는 법에 대해서는 그렇게 많은 책이 나와 있는데, 정작 아이를 기르면서 우리 부모의 심상(心狀)에 떠오르는 일들에 대해 써놓은 책은 단 한 권도 없는 거야. 정말 신기하지 않아? 독일에서도 그래?"

내가 한 번도 눈여겨보지 않았던 사실이었다. 전공 관계로 항상 수많은 교육심리학 서적을 뒤적였지만 정작 그런 책은 보지 못한 것 같았다. 그리고 1년 후 우연히 출판사로부터 이 책의 번역을 제의받았다. 책을 읽자마자 번역해보고 싶은 욕심이 생겼다. 내 친구가 찾던 바로 그 책이었기 때문이다. 무엇보다도 이 책이 마음에 들었던 것은 다른 책에는 이상적인 부모, 이상적인 교육, 아이와 더불어 사는 동화 같은 삶이 가득하지만, 이 책에는 현실에서 부모가 겪는 경험, 그 속에서 부모가 느끼는 기쁨, 고통, 슬픔, 절망, 희망, 보람, 힘겨운 점이 고스란히 담겨 있었기 때문이다.

네 아이의 아버지이며 교육자인 작가는 부모라면 누구나 하게 되는 고민을 솔직히 털어놓으며 이런 고민에 대한 해답을 자신의 풍부한 교육학적 지식과 철학적, 문학적 소양을 바탕으로 하나둘 찾아나간다. 그러면서 그가 깨달은 부모로서의 삶이란 지극히 현실적이며 인간미 넘치는 것이었다. "사람들이 교육을 더는 윤리와 도덕의 좋은 본보기를 보여주는 것으로 이해하지 않는다면, 사람들이 교육을 어린 나무가 올곧게 자라도록 나무 막대에 고정하면서도 가능한 한 순수한 대기 속에서 신선하고 기쁘고 자유롭게 자라도록 해주는 노력으로 이해한다면 우리는 놀라운 교육을 받았다. 내가 이런 교육을 받은 곳은 우리 집이었다. 우리 부모님은 집 안에서의 예의범절과

도덕을 중시하지 않으셨다. 물론 두 분은 모두 모범적인 성향을 갖춘 분들이었다. 어머니는 거의 완벽하셨고 아버지는 약간 부족한 부분이 있으셨다. 그러나 아버지는 그 부족함을 통해 모든 인간은 실수를 할 수 있다는 것을 우리에게 완벽하게 가르쳐주셨다." (5장 '폰타네의《나의 어린 시절》 중에서)

많은 부모들이 모범으로서의 부모란 모든 면에서 아이들이 따라 배울 수 있는 본보기가 되는 거라고 생각한다. 그러나 우리 인간은 불완전한 존재이다. 늘 실수를 하며 사는 존재이다. 부족함이 많고 결점이 많을 수밖에 없는 부모가 모든 면에서 완벽한 모범을 보여준다는 것은 불가능하다. 그래서 작가는 자신의 부족함과 실수를 겸허히 인정하고 아이의 부족함과 모자란 점도 따스하게 감싸 안아주는 것이 부모로서 우리가 보여야 할 모범이라고 말하고 있다. 아이도 자신의 부족함과 남의 부족함에 대해 관대한 사람이 될 수 있도록.

그런데 어린 나무를 올곧게 자라도록 나무 막대에 고정하면서도 가능한 한 순수한 대기 속에서 신선하고 기쁘고 자유롭게 자라도록 해준다는 말이 무슨 뜻일까? 이 말은 현대의 많은 부모들이 고민하는 문제와 연관되어 있다. 권위와 강요, 체벌과 채찍으로 점철되었던 과거의 교육에 대항하여 아이들에게 지나친 자유를 선사하는 자유 교육이 성행하면서 현대에는 이기적이고 무례한 아이들이 속출하게 되었다. 그래서 오늘날 많은 부모들이 고민하는 것은 이런 것이다. '아이를 자유롭게 놓아기르면서도 예의 바르고 올바르게, 남을 배려할 줄 아는 아이로 키울 수는 없을까?' '강요와 체벌을 내세우지 않고 아이에게 친구이자 동료가 되면서도 위엄을 갖춘 부모가 될 수 있는 방법은 없을까?'

그러나 현대의 어떤 교육 전문가도 이런 문제에 대해 해답을 알려주지 않는다. 그래서 작가는 자신이 직접 해답을 찾아 나섰고, 오랜 사색과 고민 끝에 21세기의 새로운 아이들에게 맞는 새로운 형태의 교육을 제안하고 있다. "내 친구 중에 경험이 풍부한 요트 선장이 있습니다. 그는 거센 폭풍우를 뚫고 항해한 경험이 많습니다. 이 친구는 항해가 안정된 상태에 들어가면 말이 거의 없습니다. 그저 자기 자리에 묵묵히 앉아 가끔 바다를 한 번 쳐다보고 하늘을 한 번 쳐다봅니다. 그러고는 시계와 돛으로 시선을 돌립니다. 그 외에는 읽고 있는 책에 열중할 뿐입니다. 그러나 함께 항해하는 사람들은 이런 분위기 속에서 안정감을 느낍니다. 그가 아무 일도 하지 않고 그저 말없이 앉아 있기만 하는데도 말입니다. 권위란 이런 게 아닐까요? 그 사람이 나를 묵묵히 지켜봐주고 있다는 느낌! 안정된 분위기 속에서 명령으로 지시하지 않고 침묵으로 지시하는 것! 그러나 폭풍우가 몰아치고 배가 위험한 상황에 빠지면 내 친구 요트 선장은 다른 자세를 취합니다. 전력을 다해 온몸을 바삐 움직이며 결정적인 순간마다 올바른 지시를 내립니다." (8장 '권위' 중에서) 내게 가장 인상 깊었던 대목 중 하나이다.

아이들이 어린 시절부터 영어 학원, 피아노 학원, 미술 학원 등을 전전하는 것이 좋다고 생각하는 부모는 아무도 없다. 주변에서 누구나 그렇게 하기 때문에 불안한 마음에 대세의 흐름을 따라가는 것이다. 그러면서도 마음 한구석에서는 끊임없이 '이것이 정말 우리 아이를 위해 잘하는 일일까?'라는 의심을 품는다. 작가 역시 부모로서 이런 심정을 솔직하게 털어놓으며 무엇이 정말 아이의 미래를 위한 것인지 고민한다. 그리고 막연한 추측이 아닌 정확한 근거를 가지고 자신만의 해답을 발견해낸다.

이 책은 다른 교육 관련 서적처럼 독자들에게 "○○을 해라!"라고 충고하는 책이 아니다. 작가가 부모로서 느끼고 경험하고 고민한 것을 논리정연하게 정리해놓은 책이다. 그리고 많은 부모들이 '대답 없는 질문'으로 끝내고 마는 고민거리들을 깊이 생각해보고 작가 고유의 결론을 내린다.

나는 역자가 아닌 한 사람의 독자로서 이 책을 만나게 된 것에 감사한다. 작가의 사고 과정을 따라가다 보니 내가 오랫동안 잊고 살았던 것을 깨달았기 때문이다. 바로 '나 자신'을 돌보는 일이었다. 나뿐만 아니라 많은 사람들이 정신없이 살다 보면 자신을 돌보는 일을 소홀히 하게 된다. 이 책을 번역하면서 나는 오래간만에 차분히 '나 자신'을 돌아보는 시간을 가질 수 있었다. '나도 이렇게 생각하지 않았었나?' '나도 이런 사람이 아니었을까?' '나도 이렇게 하지 않았었나?' 그 시간들은 내가 일상에서 너무나 당연시했던 것들을 다시 한 번 생각해보게 해준 시간들이었다. 특히 책의 중간중간 삽입된 문학과 철학 작품의 문구들은 오랜 시간 두고두고 생각하게 되었다. 그 문구들은 씹으면 씹을수록 맛이 나는 과일과도 같았다.

물론 소포클레스, 괴테, 실러, 칸트, 몽테뉴, 루소, 카뮈, 헤겔, 포이어바흐, 비트겐슈타인 등 시대와 사조를 망라한 작품을 번역하는 것이 쉬운 일은 아니었다. 특히 고대와 중세 문헌들은 현대어로 쓰인 작품이 아니라서 더욱 힘들었다. 내 독일 친구인 자비네의 도움이 없었다면 이 작품들을 이해하고 번역하는 것이 불가능했을지도 모른다. 다행히도 이 친구는 고대 그리스어와 라틴어, 독문학(특히 중세 문학), 교육학을 전공한 친구였다. 바쁜데도 매번 나와 몇 시간씩 통화를 하면서 이 책의 번역을 진심으로 도와준 내 친구 자비네 슐레겔밀히에게 감사의 마음을 전하고 싶다.

그리고 이 책을 선택해준 독자 여러분께도 감사의 마음을 전하고 싶다. 아이의 탄생과 더불어 인생의 새로운 전환점을 눈앞에 둔 예비 부모들에게 이 책이 부모로서의 첫걸음을 내딛는 데 보탬이 되기를 바란다. 그리고 이미 아이들을 키우고 있는 독자 여러분께도 이 책이 부모로서의 삶을 새로운 시각으로 다시 바라보는 계기가 되었으면 한다.

옮긴이 도현정

한국외국어대학교 독일어교육과를 졸업하고 동 대학원에서 독문학 석사 학위를 받았다. 이후 독일에 유학하여 본대학교에서 '독일어 교육 이론 및 교수법(DaF)' 학위를 받았다. 독일 유학 후 한국외국어대학교 부속 외국어고등학교에서 독일어를 가르쳤으며, 이후 한국외국어대학교 독일어교육과에서 강의했다. 역서로《비타민 쇼크》,《어린이에게 돈 다스리는 법 가르치기》등이 있다.

내 아이를 위한 부모의 작은 철학

초판 1쇄 펴낸 날 2016년 7월 4일

지은이 볼프강 펠처
옮긴이 도현정
펴낸이 장영재
펴낸곳 (주)미르북컴퍼니
전 화 02)3141-4421
팩 스 02)3141-4428
등 록 2012년 3월 16일(제313-2012-81호)
주 소 서울시 마포구 성미산로 32길 12, 2층 (우 03983)
E-mail sanhonjinju@naver.com
카 페 cafe.naver.com/mirbookcompany